DER INOFFIZIELLE GUIDE VON A BIS Z
ZU DEN »HOBBIT«-FILMEN VON PETER JACKSON
NACH J. R. R. TOLKIENS GROSSEM ROMAN

Für Mike, Claire, Sarah und Barney.

SARAH OLIVER

DER INOFFIZIELLE GUIDE VON A BIS Z ZU DEN
»HOBBIT«-FILMEN
VON PETER JACKSON NACH J. R. R. TOLKIENS GROSSEM ROMAN

SCHWARZKOPF & SCHWARZKOPF

ALFRID

Name: Alfrid
Volk: Menschen
Gespielt von: Ryan Gage
Beschreibung: Die Figur des Alfrid ist vom Regisseur Peter Jackson für die *Hobbit*-Filme erschaffen worden. Er ist ein Bürger von Esgaroth und Diener des Bürgermeisters der Seestadt.

Über seine Facebook-Seite ließ Jackson seine Fans wissen: »Des Meisters hinterhältiger Diener Alfrid wird von Ryan Gage gespielt werden. Ryan ist ein junger Schauspieler, den wir ursprünglich für eine kleinere Rolle gecastet hatten, aber wir mochten ihn so sehr, dass wir ihn zu Alfrid beförderten.«

Alfrid ist Ryans bisher größte Filmrolle. Bislang hat er vor allem auf der Theaterbühne gestanden und ist zum Beispiel in mehreren Produktionen der Royal Shakespeare Company aufgetreten. Im Fernsehen hatte er Gastauftritte in den britischen Serien *Hollyoaks*, *Doctors* und *The Bill*. Ryan hat das Drama Centre London besucht und 2005 seinen Abschluss gemacht. Er spielte gerade in einem Theaterstück von Tom Stoppard mit dem Titel *Artist Descending a Staircase*, als er von einem Casting-Assistenten entdeckt wurde, der Darsteller für *Der Hobbit* suchte. Ursprünglich sollte er Drogo Beutlin spielen, aber er beeindruckte alle so sehr, dass er die Rolle des Alfrid erhielt.

Bevor er für die Dreharbeiten zu *Der Hobbit* nach Neuseeland reiste, spielte er noch Simon H. Rifkind in *Ghost Stories* am Duke of York's Theatre in London. Am 16. Juli 2011 twitterte er: »Heute Abend haben wir nach 13 Monaten im West End zum letzten Mal *Ghost Stories* gespielt. Ein großes Dankeschön an alle, die sich das Stück angesehen haben.« Er hatte aber nicht lang Zeit, sich auszuruhen, denn schon zwei Wochen später musste er in Neuseeland sein. Die ersten Tage am Set waren hektisch, er twitterte: »Die erste Woche hat großen Spaß gemacht, aber ich freue mich darauf, dieses Wochenende richtig auszuschlafen.«

Unter @RyanGage kann man dem Schauspieler auf Twitter folgen.

Peter Jackson, der Regisseur der *Hobbit*-Filme, war begeistert, dass sich die Schauspieler einschließlich Ryan und die Crewmitglieder als Team so gut verstanden. Gegenüber News.com.au sagte er: »Alle haben sich sehr, sehr gut kennengelernt und die Stimmung ist super. Ich glaube, dass die Atmosphäre am Set freundlich sein sollte, damit man sich auf die Arbeit konzentrieren, aber auch Spaß haben kann. Man muss über lange Zeit morgens sehr früh aufstehen und bis spätabends arbeiten – wenn man keinen Spaß daran hat, dreht man auch keinen guten Film. Die Stimmung unter den Schauspielern und Crewmitgliedern am Set wird sich dann auf der Leinwand widerspiegeln. Wir haben Spaß.«

AZOG
Name: Azog
Volk: Ork
Gespielt: Manu Bennett
Beschreibung: Azog ist der König der Orks von Moria. Er ist ein grausamer Krieger mit einem riesigen Kopf. Im Buch *Der Hobbit* taucht er eigentlich gar nicht auf, aber die Fans waren begeistert, als sie erfuhren, dass es in den *Hobbit*-Filmen Rückblenden mit ihm geben würde.

Im April 2012 wurde verkündet, dass Azog von John Rawls gespielt werden würde. Das verwirrte die Fans, denn im Mai 2011 hatte Peter Jackson auf seiner Facebook-Seite mitgeteilt, dass Conan Stevens diese Rolle erhalten hatte. Seine Nachricht lautete: »Zu guter Letzt ist da noch Conan Stevens, der einen Ork namens Azog spielen wird. (Aus irgendeinem Grund heißen Orks niemals Roger oder Dennis.) Ja, das ist sein Name – Conan! Ist das nicht cool? Azog wird von Conan gespielt!«

Dann wurde bekannt gegeben, dass die Information falsch war und Conan die Rolle des Bolg spielen würde. Aber auch John Rawls spielte am Ende nicht Azog, sondern Yazneg und die Rolle des Azog ging schließlich an Manu Bennett. Der neuseeländische Schauspieler mit maorischer Abstammung hatte ein Stipendium für das Lee Strasberg Theatre Institute in Los Angeles bekommen und studierte danach Schauspiel an der University of New South Wales in Australien. Bekannt ist er vor allem für seine Rollen in dem preisgekrönten australischen Film *Lantana* und in der Serie *Spartacus*.

BAIN

Name: Bain
Volk: Menschen aus Thal
Gespielt von: John Bell
Beschreibung: Bain ist der Sohn von Bard dem Bogenschützen. Er wird nach seinem Vater König.

Der Schauspieler, der ausgewählt wurde, um Bain zu spielen, war der 13-jährige John Bell aus Paisley in Schottland. Er ist bekannt für die Rolle des Waisenjungen Toby Coleman in Tracy Beaker Returns (2010) und er spielte Angus in Battleship (2011).

Bereits mit sieben Jahren stand John in Glasgow zum ersten Mal auf der Bühne. Am besten gefällt ihm, dass er als Schauspieler herumreisen und neue Leute kennenlernen kann, aber wenn man ihm nach einem Vorsprechen für eine Rolle, die er wirklich gern wollte, sagt, dass er nicht genommen wurde, dann passt ihm das gar nicht. Johns Lieblingsbuch ist *Alles, was wir geben mussten* von Kazuo Ishiguro, seine Lieblingsserie ist *Glee* und seine Lieblingsband Iron Maiden. Während der Dreharbeiten zu *Der Hobbit* hatte er einen Privatlehrer, damit er in der Schule nichts verpasst. Seine Klassenkameraden unterstützen ihn sehr und können es kaum erwarten, die Filme zu sehen.

Als John in einer offiziellen Pressemeldung als Mitglied der Besetzung von *Der Hobbit* genannt wurde, waren die Fans ein bisschen verwirrt, weil sie noch nie etwas von ihm gehört hatten. *Hollywood Teen' Zine* stöberte ihn vor allen anderen auf und befragte ihn zu seiner Rolle.

Der junge Schauspieler erzählte: »Ich war gerade in Louisiana bei den Dreharbeiten zu dem Film *Battleship*, in dem ich eine kleine Rolle hatte, und werde jetzt ein anderes Projekt in Angriff nehmen, über das ich noch nichts sagen kann. Mir wurde eine Rolle in *Der Hobbit* angeboten … Meine Figur ist selbstbewusst und mutig und bereit, in den Kampf zu ziehen, wenn es nötig ist, obwohl sie noch ein Kind ist. Ich habe das Buch gelesen und es geliebt und ich liebe Peter Jacksons *Herr der Ringe*-Filme. Man kann mich also auf jeden Fall als Fan bezeichnen.«

Weil er auch noch ein bisschen was über sich selbst mitteilen sollte, meinte er: »Ich bin 13 Jahre alt und Schauspieler, seit ich sieben war. In Großbritannien habe ich in *Doctor Who* mitgespielt und in einigen anderen britischen Serien. *A Shine of Rainbows* war mein erster Kinofilm. Ich spiele Trompete, Schlagzeug und Keyboard. Außerdem fahre ich gern Snowboard und Rad und gehe gern mit meinen Freunden ins Kino.«

Seinen Durchbruch hatte er in einem Wettbewerb der Sendung *Blue Peter,* bei dem er die Chance bekam, an der Seite von David Tennant in einer Folge von *Doctor Who* mitzuspielen. John bewundert den Schauspieler Jack Nicholson und sein Lieblingsfilm ist *Shining* – eine seltsame Wahl für jemanden seines Alters, denn der Film ist in Großbritannien erst ab 15 Jahren zugelassen!

BALIN
Name: Balin,
Auch bekannt als: Balin, Herr von Moria; Balin, Fundins Sohn
Volk: Zwerge, Durins Volk
Gespielt von: Ken Stott
Beschreibung: Balin trägt eine rote Kapuze und sieht sehr alt aus. Er ist der Bruder von Dwalin und der zweitälteste Zwerg auf der Reise. Er trifft als zweiter Zwerg bei Bilbo ein und muss normalerweise Wache stehen.

Balin wird von Ken Stott gespielt. Ken wurde in Edinburgh, Schottland, geboren. Er ist der Sohn einer sizilianischen Mutter namens Antonia Sansica und eines schottischen Vaters, der an der Schule beschäftigt war, die Ken besuchte. Als Jugendlicher liebte er Musik und die Schauspielerei. Er war Mitglied der Gruppe Keyhole. Ein paar Jahre nach der Trennung der Band gründeten einige seiner ehemaligen Musikerkollegen die Bay City Rollers mit.

Ken studierte an der Mountview Academy of Theatre Arts in London, was sich als Hindernis herausstellte, als er versuchte, in Schottland als Schauspieler zu arbeiten. Um seinen Lebensunterhalt bestreiten zu können, jobbte er nebenbei als Verkäufer von Doppelverglasungen.

Heute gehört er zu den beliebtesten Schauspielern Schottlands. Ken wurde bekannt als Kriminaloberinspektor Red Metcalfe in *Messias*, als Pat Chappel in *The Vice* und als Adolf Hitler in *Uncle Adolf*.

Schon gewusst?
Ken hatte in *Die Chroniken von Narnia – Prinz Kaspian von Narnia (2008)* eine Sprechrolle als Trüffeljäger, der Dachs.

Ken Stott ist ein absoluter Profi, im März 2009 brach er eine Vorstellung von *A View from the Bridge* ab, weil Schulkinder im Publikum zu viel Krach machten.

Ein Zuschauer schrieb später auf der Webseite *What's On Stage*: »Von meinem Platz aus habe ich sie gar nicht so sehr bemerkt – ich habe sie aber auf jeden Fall an ein paar unpassenden Stellen kichern hören. Da sie in der ersten Reihe saßen, hat das die Schauspieler sicher ziemlich irritiert. Stotts Darbietung ist fantastisch, was sicher ein hohes Maß an Konzentration erfordert, sodass es nur fair ist, wenn er solche Störungen nicht toleriert.

Der Lehrer behauptete, die Schüler hätten nichts gemacht, und die Platzanweiser versuchten, die Sache in Ordnung zu bringen. Die Zuschauer wurden richtig rüpelhaft und rebellisch. Es war alles ein bisschen unangenehm. Nach diesem Vorfall waren die vielen anwesenden Schüler echt leise.«

Schon gewusst?
Wenn sich Ken und die anderen Zwergendarsteller am Set von einem Punkt zum anderen bewegen mussten, saßen sie oft auf einem offenen Hänger, der von einem Traktor gezogen wurde.

Wie er in seiner ersten Pressekonferenz sagte, war Ken begeistert davon, *Der Hobbit* in Neuseeland zu drehen: »Der Ruf, den Neuseeland in Hinblick auf Dreharbeiten genießt, ist unübertroffen. Das liegt nicht nur daran, dass das hier, wie man wohl sagen könnte, das geistige Zuhause des Materials ist, sondern auch daran, dass man hier fantastische Voraussetzungen hat – der Rest der Welt ist darauf neidisch.«

Mark Hadlow (Dori) sagte auf derselben Pressekonferenz: »Es ist eine großartige Erfahrung, an der Seite von Ken Stott zu spielen, wenn man seine Arbeit auf der Bühne und auf der Leinwand jahrelang bewundert hat. Ihn kennenzulernen und mit ihm über die Dinge zu reden, die wir gemeinsam haben, war außergewöhnlich.«

BARD

Name: Bard
Auch bekannt als: Bard, der Bogenschütze; Bard, der Drachentöter; König Bard
Volk: Menschen aus Thal
Gespielt von: Luke Evans
Beschreibung: Bard hat lange schwarze Haare, er ist der Hauptmann eines Trupps Bogenschützen in der Seestadt. Nachdem er Smaug getötet hat, wird er ein großer Anführer.

Luke Evans erhielt die Rolle des Bard. Der in Pontypool geborene Waliser wuchs in Crumlin, einem kleinen Dorf nahe Newport, auf. Mit 17 zog er nach Cardiff, um bei Louise Ryan Gesangsunterricht zu nehmen. Mit einem Stipendium für das London Studio Centre ging er 1997 nach London. Im Jahr 2000 machte Luke Evans seinen Abschluss und begann, im West End aufzutreten. Seinen Durchbruch hatte er 2008, als er als Vincent in dem Stück *Small Change* am Donmar Warehouse auftrat. Er bekam überschwängliche Kritiken, die Castingchefs und Agenten aus den USA auf ihn aufmerksam machten. Außerdem wurde er als bester Newcomer bei den Evening Standard Awards nominiert und 2011 – ein paar Jahre später – für einen National Movie Award.

Schon gewusst?
Luke war bereits dreißig Jahre alt, als er zum ersten Mal für eine Filmrolle vorsprach.

Für Luke begannen die Dreharbeiten später als für Martin Freeman und die Schauspieler, die die Zwerge verkörperten. Auch sein Drehbuch erhielt er später als die anderen. Luke sagte dem *Empire Magazine*: »Ich finde Peters Videoblog brillant. Für jemanden, der nicht von Anfang an bei den Dreharbeiten dabei ist, sind die Videos echt nett. Denn dadurch kenne ich die Schauspieler und die Figuren schon, wenn ich nach Mittelerde komme, und werde nicht eingeschüchtert sein.«

Er fand es seltsam, in Bilbos Zuhause herumzulaufen, das er mit 21 zum ersten Mal im Kino gesehen hatte. Damals konnte er noch nicht ahnen, dass er auch einmal in einem Tolkien-Film mitspielen würde.

Die Rolle des Bard veränderte Lukes Leben – er musste London verlassen und für ein Jahr nach Neuseeland ziehen. Er sagt, es sei der beste Job gewesen, den er je hatte, und er hätte unglaublich viel Spaß gehabt und Freunde fürs Leben gefunden. Gegenüber MTV meinte Luke: »In Neuseeland zu leben ist wie in einer anderen Welt zu leben – es *ist* eine andere Welt. Es ist sehr, sehr cool. Wir sind so weit von zu Hause weg. Wir sind eine kleine Familie. Peter [Jackson] und das Team erschaffen eine sehr warme Atmosphäre am Set und auch außerhalb. Es ist etwas ganz Besonderes – ich bin froh, Teil des Ganzen zu sein.«

Anfangs war Luke ein wenig eifersüchtig auf die Schauspieler, die in den *Herr der Ringe*-Filmen mitgespielt hatten. Auf Collider.com gab er zu: »Ich bin echt froh, hier zu sein – ich sehe, was hier entsteht und was Peter macht. Man liest Artikel über die Jungs, die in den ersten drei Filmen mitgespielt haben, über ihre Erfahrungen in Neuseeland, ihre Zusammenarbeit mit Peter und die lange Zeit, die sie hier verbracht haben. Ich war auf eine gesunde Weise sehr eifersüchtig auf sie, ich war immer ein wenig neidisch. Und jetzt bin ich einer dieser Jungs und tatsächlich hier – daran werde ich mich mein Leben lang erinnern.«

Luke befürchtet, dass es schwierig werden wird, zur Normalität zurückzukehren, weil er Bard so gern gespielt hat. Er ist sehr froh, dass der Regisseur Peter Jackson dem Buch treu geblieben ist, wie er Q TV bei den British Film Awards erklärte: »Der Film kommt dem Buch sehr nahe. Ein Buch wie *Der Hobbit* braucht keine Ausschmückungen. Die Figuren sind so gut geschrieben und jeder, der das Buch liebt, wird auch die Filme lieben.«

BEORN

Name: Beorn
Auch bekannt als: Hautwandler
Volk: Menschen
Gespielt von: Mikael Persbrandt
Beschreibung: Beorn ist ein Hautwandler – er kann sich von einem riesigen Mann in einen großen schwarzen Bären verwandeln. Seine Vergangenheit ist ein Geheimnis. Er lebt mit seinem Gefolge – Tiere, die sprechen können – in einem Haus am Rande der Berge in der Nähe des Carrock. Die Orks haben alle seiner Art außer ihm getötet.

Als Guillermo del Toro noch Regisseur von *Der Hobbit* war, sollte Beorn von *Hellboy*-Darsteller Ron Perlman gespielt werden, die Rolle war auf ihn zugeschnitten worden. Ron wollte die Rolle anfangs übernehmen, aber als Guillermo ausstieg, änderte sich die Besetzung. (Weitere Informationen unter »Verzögerungen«.)

> **Schon gewusst?**
> **Eine Weile war Guillermo del Toro der Meinung, dass Ron Perlman als Smaug perfekt geeignet wäre.**

Letzten Endes bekam Mikael Persbrandt die Rolle des Beorn. Als er verpflichtet wurde, veröffentlichte Peter Jackson eine Pressemitteilung, in der es hieß: »Die Rolle des Beorn ist ikonisch und

Mikael ist unsere erste Wahl. Seit er vorgesprochen hat, können wir uns keinen anderen mehr in dieser Rolle vorstellen.«

Mikael wurde in Jakobsberg in Schweden geboren. Er war ein sportliches Kind und mochte Fußball und Boxen. Außerdem baute er gern Dinge und wollte Astronaut werden. Als Teenager änderte sich sein Berufswunsch, er strebte nun eine Karriere als Tänzer an, weshalb er die Academy of Ballet besuchte. Nach seinem Abschluss dort erfasste ihn jedoch das Schauspielfieber. Seine ersten Erfahrungen sammelte er als Statist in einer Produktion von *König Lear* am Kungliga Dramatiska Teatern (Königliches Dramatisches Theater) in Stockholm. Er spielte Theater, bis er 1992 in mehreren Folgen der schwedischen Soap Opera *Rederiet* auftrat. 1999 erhielt Mikael eine Nominierung als bester Hauptdarsteller für einen Guldbagge Award – den nationalen Filmpreis Schwedens. Danach entwickelte er sich zu einem der besten Schauspieler in seiner Heimat. Zu internationalem Ruhm gelangte Mikael durch seine Darbietung als Anton in Susanne Biers Film *In einer besseren Welt*, der 2011 den Oscar als bester ausländischer Film erhielt. Normalerweise spielt Persbrandt eher toughe Figuren.

Schon gewusst?
Mikael Persbrandt hat auch schon einmal als Taxifahrer gearbeitet.

Dass er die Rolle des Beorn bekommen hat, war für Mikael die Verwirklichung eines Traums, denn als Kind hatte er Tolkiens Bücher begeistert verschlungen. In Buchläden hat er immer nach frühen Ausgaben gesucht. Mikael muss wohl sehnsüchtig auf das Drehbuch zum ersten Teil der *Hobbit*-Filme gewartet haben, aber das wurde fast bis zum Beginn der Dreharbeiten unter Verschluss gehalten. Am Anfang bekam er nur fünf Seiten des Skripts zu lesen und musste den Empfang mit seiner Unterschrift bestätigen. Niemand wollte, dass etwas davon an die Öffentlichkeit geriet, um die Überraschungen nicht vorzeitig zu verraten, die Peter Jackson für die Fans auf Lager hatte.

An seinem ersten Drehtag war Mikael überrascht, wie es sich anfühlte, Beorn zu spielen, obwohl er sich lange Zeit darauf vorbereitet hatte. Er musste in dem Studio, in dem *King Kong* gedreht worden war, eine Szene spielen, in der er hoch in die Luft gezogen wurde. Bei dieser schwierigen Aufgabe fühlte sich der Schauspieler anfangs schon ein bisschen seltsam, aber er entspannte sich bald. Peter Jackson interessiert sich für die Gedanken seiner Schauspieler zu ihren Figuren, weshalb Mikael sich ein wenig einbringen konnte.

Bevor Persbrandt 2011 nach Neuseeland zog, trainierte er am Nacka Martial Arts Center in Schweden und später zusammen mit seinen Schauspielkollegen. Er trainierte sechs Tage die Woche, und wenn er nicht in der Turnhalle war, fuhr er kilometerweit mit seinem Mountainbike. Er bereitete sich jedoch nicht nur körperlich auf die Rolle des Beorn vor, sondern er bekam auch Sprachunterricht, denn sein Englisch war zu Anfang nicht besonders gut.

Schon gewusst?
Mikael Persbrandt absolvierte einen Teil seines Trainings unter Anleitung der Navy SEALs.

Mikael ist ein Mann, der etwas bewirken möchte. Sechs Jahre lang war er UNICEF-Botschafter. In dieser Funktion besuchte er Kinder in brasilianischen Slums, Kindersoldaten in Liberia und 2010 nach dem schweren Erdbeben Kinder in Haiti. Er hat sich in seiner Heimat und im Ausland für die Belange von UNICEF stark gemacht.

BERT

Name: Bert
Volk: Steintrolle
Beschreibung: Bert, William und Tom sind Trolle, sie verbringen ihre Zeit damit, jeden zu essen, der ihnen auf der Straße westlich von Bruchtal über den Weg läuft.

Im *The Hobbit Movie Forum* diskutierten die Fans darüber, wer Bert seine Stimme leihen sollte. Heiße Kandidaten waren Robbie Williams, Vinnie Jones und Bob Hoskins. Andere waren der Meinung, dass Schauspieler, die bereits in *Der Herr der Ringe* aufgetreten waren, Bert, William und Tom sprechen sollten.

BEWEGUNGSCOACH

Damit *Der Hobbit* so gut wie nur möglich wurde, engagierte man einen Bewegungscoach, der sicherstellen sollte, dass sich die Hobbits, Zwerge, Elben und anderen Wesen auf die richtige Art und Weise bewegten. Man wählte Terry Notary, den besten Bewegungscoach der Branche.

Terry hatte zunächst als Stuntman gearbeitet und wurde eigentlich nur durch Zufall Bewegungscoach. Im Jahr 2000 spielte er in Ron Howards *Der Grinch* einen Bewohner von Whoville. Der Regisseur wollte, dass sich alle Bewohner gleich bewegten, deshalb bekam Terry die Aufgabe, sich einen Gang und ein paar Bewegungen auszudenken, die die anderen übernehmen konnten. Howard war von Terrys Arbeit begeistert und engagierte ihn schließlich als Bewegungscoach. Das war eine völlig neue Rolle für Terry, der diesen Titel als Erster erhielt.

Terry arbeitete dann an ein paar großen Blockbustern, zum Beispiel *Planet der Affen − Prevolution, Transformers − Die Rache, Superman Returns* und *Der unglaubliche Hulk*. In *Der Hobbit* ist er einer der Orks. In *Planet der Affen − Prevolution* spielte er Rocket und in *Attack the Block* war er der Hauptaußerirdische.

Die Arbeit am *Hobbit* war wohl der bisher schwerste Job, weil es so viele verschiedene Wesen gab. Er musste sich für jede Spezies spezielle Bewegungen ausdenken − wie sie laufen, rennen, kämpfen, schlafen, essen und springen sollten. Und dann musste er das jedem Schauspieler beibringen. Die Meisten von ihnen hatten noch nie ein solches Geschöpf gespielt, deshalb dauerte es eine Weile, bis sie verstanden, was Terry von ihnen verlangte. Andy Serkis allerdings ist genauso erfahren wie Terry, sodass er keine Hilfe brauchte, um Gollum zu spielen.

Benedict Cumberbatch lernte gern von Terry, wie er sich als Smaug bewegen sollte. Im Januar 2012 erzählte er Collider.com: »Ich hatte schon begonnen, zu trainieren und Bewegungsübungen zu machen, um lockerer für den Moment zu werden, in dem ich den wichtigen Anzug mit den Bällen tragen muss, die auch Motion-Capture-Marker genannt werden. Körperliche Rollen sind mir nicht fremd. Anfang des Jahres habe ich in einer Inszenierung von Danny Boyle am National Theatre Frankenstein gespielt, das war eine großartige und sehr physische Erfahrung.«

Andy Serkis, der Gollum spielt, arbeitet gern mit Terry Notary zusammen, weil sie beide Experten der Motion-Capture-Technik sind. Bei *Planet der Affen − Prevolution* haben sie schon einmal zusammengearbeitet. Andy hasst es, dass die Leute glauben, er habe Gollum nur seine Stimme geliehen und die Bewegungen von King Kong bereitgestellt, denn schließlich macht er viel mehr als das. Die meisten Leute wissen nicht, was Motion Capture alles beinhaltet, und sie sehen es nicht als Schauspielerei an, obwohl es das ist. Ohne Andy würde sich Gollum nicht so bewegen, wie er es tut, denn das Spezialeffekte-Team nimmt zuerst Andys Bewegungen auf und baut dann darauf auf, um den Gollum zu erschaffen, den wir alle kennen.

Schon gewusst?
Als Andy Serkis Gollum vor über zehn Jahren zum ersten Mal spielte, musste er dies in einem Blechverschlag tun, in dem es ungefähr sieben Kameras gab, die seine Bewegungen aufzeichneten.

BIFUR
Name: Bifur
Volk: Zwerge aus Khazad-dûm (keine Nachfahren von Durin)
Gespielt von: William Kircher
Beschreibung: Bifur ist der Bruder von Bombur und der Cousin von Bofur. Er trägt eine gelbe Kapuze. Auf das Abenteuer begibt er sich, um einen Teil des Schatzes zu erhalten. Er stammt von Stahlarbeitern und Bergmännern aus dem Westen ab, nicht von den Langbärten aus dem Hause Durin. Er spielt Klarinette und mag Apfelkuchen.

William Kircher, der Bifur spielt, ist in Neuseeland unglaublich beliebt. Seine Karriere als professioneller Schauspieler begann, nachdem er seinen Abschluss an der New Zealand Drama School gemacht hatte. Er war damals erst 18 Jahre alt und der jüngste Schüler in seiner Klasse. Um den Kurs belegen zu können, hatte er gelogen, was sein Alter anging. Seither hat er in über einhundert professionellen Theaterproduktionen mitgewirkt und in zahlreichen Serien und Filmen gespielt. Über die Jahre hat er mehrere Polizisten verkörpert und auch ein paar böse Jungs.

William hat sich auch schon hinter die Kamera begeben und war bereits als Produzent und als Führungskraft bei einem Fernsehunternehmen tätig. Jahrelang hat er sich geweigert, an Vorsprechen teilzunehmen, und Angebote abgelehnt, weil er nicht mehr als Schauspieler arbeiten wollte. Das änderte sich, als Robert Sarkies wegen des Films *Out of the Blue – 22 Stunden Angst* (2006) an ihn herantrat, der auf dem Amoklauf von Aramoana basiert. Bis dahin hatte er geglaubt, dass es besser sei, Produzent zu sein und nicht Schauspieler. Er änderte allerdings seine Meinung, als ihm die Rolle des Polizisten Stu Guthrie in diesem Film angeboten wurde. Außerdem hatte er bei einer Konferenz Enttäuschendes erfahren. *NZ on Screen* gegenüber erklärte er: »Eine Zeit lang dachte ich, dass der Beruf als Produzent befriedigender wäre als der des Schauspielers, aber dann traf ich mich mit 300 anderen Produzenten auf einer Konferenz in Cannes. Alle waren verzweifelt auf der Suche nach einer Finanzierung ihrer Projekte und da habe ich erkannt, dass es eigentlich gar nicht so schlecht ist, Schauspieler zu sein!«

Seine Freizeit verbringt William meist mit seiner Frau Nicole Chesterman, einer Rocksängerin und Talentagentin, und ihren vier gemeinsamen Töchtern. Sie gehen gern gemeinsam mit dem Hund spazieren und William liebt es zu angeln. Er lebt in Eastbourne im Süden der Nordinsel von Neuseeland.

In einem der Produktionsvideos von Peter Jackson erzählt William, wie sich die Zwergen-Darsteller auf die Dreharbeiten vorbereitet haben: »Zuerst haben wir drei Monate lang intensiv trainiert: Wir haben Stunts geprobt, sind geritten, waren viermal die Woche im Fitnessstudio und haben intensiv geübt, uns wie Zwerge zu bewegen. Eigentlich haben sie uns kaputt gemacht, zu Amöben reduziert und dann als Zwerge wieder aufgebaut.«

Die vielen Verzögerungen haben William und seinen Kollegen im Grunde geholfen, weil sie so noch länger trainieren und sich besser kennenlernen konnten. In ihren Kostümen mussten sie etliche Kilogramm an Requisiten mit sich herumtragen und außerdem noch das Gewicht ihrer Fatsuits.

Bei der ersten *Hobbit*-Pressekonferenz gab William zu, dass die *Herr der Ringe*-Filme die Messlatte hoch gelegt hatten. »In dieser Phase konzentrieren wir uns wirklich auf die Arbeit«, sagte er. »Wir müssen hohe Erwartungen erfüllen und sind fest entschlossen, dies zu tun.«

BILBO BEUTLIN

Name: Bilbo Beutlin
auch bekannt als: Elbenfreund, Ringträger
Volk: Hobbits
Gespielt von: Martin Freeman und Ian Holm
Beschreibung: Bilbo ist ein typischer Hobbit. Das sind fröhliche kleine Leute, ungefähr halb so groß wie Menschen. Sie tragen keine Bärte und sind noch kleiner als Zwerge. Sie haben behaarte Füße mit ledernen Sohlen und kleiden sich gern in Gelb und Grün.

Bilbo ist die Hauptfigur aus *Der Hobbit*, er wird zu einem abenteuerlustigen Helden, nachdem der Zauberer Gandalf an seine Tür geklopft hat. Obwohl Bilbo eigentlich nicht an Abenteuern interessiert ist, bekommt er die Aufgabe, den Zwergenschatz zurückzuerobern. So begibt er sich zusammen mit 13 Zwergen auf eine Reise.

Mehrere Schauspieler haben Bilbo in der Vergangenheit verkörpert. In Peter Jacksons *Herr der Ringe*-Trilogie wurde er von Ian Holm gespielt und in der Trickfilmversion *The Hobbit* von 1977 lieh Orson Bean Bilbo seine Stimme. Orson übernahm diese Sprechrolle noch einmal in dem Trickfilm *The Return of the King* (1980).

Für die *Hobbit*-Trilogie wählte Peter Jackson Martin Freeman als Hobbit. In einer Pressemitteilung erklärte Peter: »Trotz der verschiedenen Gerüchte und Spekulationen gab es für uns immer nur einen Bilbo Beutlin. Es passiert nur selten, dass man auf einen Schauspieler stößt, der geboren wurde, eine bestimmte Rolle zu spielen, aber bei Martin Freeman war das so. Er ist intelligent, witzig, überraschend und mutig – genau wie Bilbo. Und es macht mich unglaublich stolz, verkünden zu können, dass er unser Hobbit ist.«

Bevor Freeman für die *Hobbit*-Filme verpflichtet wurde, war er in Großbritannien für seine Rollen als Dr. John Watson in *Sherlock – Eine Legende kehrt zurück* und Tim in *The Office* bekannt. In den USA kennt man ihn vor allem durch den Film *Tatsächlich … Liebe* (2003), aber sobald er als Bilbo gecastet worden war, änderte sich das. Im Januar 2012 meinte er gegenüber dem Talkshowmoderator Graham Norton: »Ich habe zehn Jahre gehabt, um mich seit *The Office* darauf vorzubereiten, aber vor Kurzem war ich im Urlaub und mir wurde klar, dass es vielleicht nächstes Jahr um diese Zeit nicht mehr viele Orte gibt, an denen man den *Hobbit* nicht gesehen haben wird. Ruhm ist eine seltsame Sache und ich habe eine gestörte Beziehung zu solchen Dingen.«

Martin hatte sich schon einmal um eine Rolle in einem Film von Peter Jackson beworben. In *In meinem Himmel* (2009) wollte er den Mörder George Harvey spielen, aber die Rolle ging schließlich an Stanley Tucci. Damals war er sehr enttäuscht, aber letzten Endes war es doch ein Segen. Wenn er erfolgreich gewesen wäre, hätte er vielleicht nicht Bilbo spielen können, weil die Leute ihn mit dem Mörder George Harvey identifiziert hätten.

Anfangs musste er die Rolle des Bilbo sogar ablehnen, da er sich bereits verpflichtet hatte, Watson in der zweiten Staffel der BBC-Serie *Sherlock* zu spielen, aber er teilte mit, dass er gern mitmachen würde, falls sich etwas am Timing ändern sollte. Dank der vielen Verzögerungen in den darauffolgenden Monaten konnte er die Rolle dann doch annehmen und *Sherlock* in den Pausen drehen. Anfang 2011 erklärte er in einer Pressekonferenz in Neuseeland: »Ich habe Anfang letzten Jahres ein Tape für die Rolle aufgenommen und vom Team wirklich ein großzügiges Feedback bekommen. Man wollte mich gern haben. Das war ein sehr großes Vertrauensbekenntnis und das hat mich auf jeden Fall ein bisschen entspannt. Ich dachte, dass ich das Angebot nicht annehmen könnte, weil ich in Großbritannien andere Verpflichtungen hatte, aber dann gestaltete es sich so, dass es sich doch noch realisieren ließ. So kann ich dieses Jahr zwei Sachen [*Der Hobbit* und *Sherlock*] machen, die ich liebe.«

Schon gewusst?
David Tennant, James McAvoy und Tobey Maguire waren zunächst für die Rolle des Bilbo im Gespräch.

Wenn Peter Jackson sich mit einer Figur aus Mittelerde vergleichen sollte, würde er sich für Bilbo entscheiden. Das erklärte er Sasha Stone vom *Mirror*: »Ich sollte mich wirklich mit einem Schwert schwingenden Helden wie Aragorn [aus *Der Herr der Ringe*] identifizieren, aber ich identifiziere mich doch mehr mit einem Gemütlichkeit liebenden Hobbit wie Bilbo Beutlin, der lieber seine Beine vor dem Feuer hochlegt, Kuchen isst und Bier trinkt, als Abenteuer zu erleben, der eben lieber ein ruhiges Leben führt.«

Bilbo Beutlin

Martin Freeman ist Brite, er stammt aus Aldershot, Hampshire. Der vielseitige Schauspieler erhielt seine Ausbildung an der Central School of Speech & Drama in London, er ist in zahlreichen Fernsehserien, Theaterstücken, Filmen und Radiosendungen aufgetreten. Bekannt ist er vor allem für seine Darbietung als Arthur Dent in *Per Anhalter durch die Galaxis* (2005), als Tim in der britischen Version von *The Office* und als Dr. Watson aus der Fernsehserie *Sherlock*. Für letztere Rolle erhielt er 2011 einen BAFTA TV Award als bester Nebendarsteller. Das war seine bisher größte Auszeichnung, aber vielleicht bringt ihm ja die Rolle in *Der Hobbit* einen Oscar oder einen Golden Globe ein.

Ursprünglich hatte man Martin gesagt, dass er 18 Monate hintereinander in Neuseeland bleiben müsste, aber das wäre für ihn recht unpraktisch gewesen, weil er eine Familie hat. Am Ende musste er auch die Dreharbeiten zu den *Hobbit*-Filmen und zu Folgen von *Sherlock* unter einen Hut bringen. Das war nicht einfach, aber es erlaubte ihm, immer wieder nach Großbritannien zu fliegen, wo er seine beiden Kinder besuchen konnte. Zum Glück hatte seine Partnerin Amanda Abbington großes Verständnis, da sie selbst Schauspielerin ist. Obwohl sie nicht verheiratet sind, bezeichnen sie sich oft als Mann und Frau und sind mit ihren beiden Kindern, ihren zwei Hunden und ihrer Katze glücklich.

Bei Dreharbeiten in Neuseeland erzählte Amanda der Journalistin Vicki Power von der *Daily Mail*: »Als er schon über sechs Wochen weg war, musste er uns unbedingt sehen. Sein Herz schmerzte ein wenig. Aber wir wissen, dass der Film riesig werden wird. Martin ist allerdings auch hin und wieder gestresst. Manchmal ruft er mich um sieben Uhr morgens an, um mir zu sagen: ›Ich war mit Mist bedeckt, musste von der Decke hängen und habe blutige Ohren.‹ Aber weil er weiß, dass es für eine gute Sache ist, tut er das alles mit einem Lächeln.«

Bilbo Beutlin

Peter Jackson ist sehr froh, dass Martin die Rolle angenommen hat. Der Webseite fansshare.com sagte er: »Freeman ist fantastisch und es gibt einfach keinen anderen für den Job. Wir konnten niemanden finden, der besser ist als er. Er ist einfach bilboesk. Das möchte man vielleicht nicht immer hören. Aber im Ernst, er besitzt die wichtigsten Eigenschaften dieses kleinen englischen Herrn, der ein bisschen altmodisch ist und damit fertig werden muss. Als Mensch ist Martin nicht so, aber als Schauspieler macht er es so gut – der Fisch auf dem Trockenen, der mutig ist, aber auch einen wundervollen Sinn für Humor besitzt. Die Dinge, die ihm passieren, und wie er darauf reagiert – Dinge, die er noch nie in seinem Leben als spießiger kleiner Hobbit gesehen hat – machen einen Teil des Reizes aus. Außerdem sieht er so aufgeschlossen aus.«

Einen fröhlichen Hobbit zu spielen war harte Arbeit an den Tagen, an denen Martin Freeman mit Schlamm bedeckt war und die Dreharbeiten sich hinzogen.

Sir Ian Holm spielt in den *Hobbit*-Filmen den alten Bilbo, den er auch in der *Herr der Ringe*-Trilogie gespielt hat. Der Sohn schottischer Eltern kam in Goodmayes, London, zur Welt und machte 1953 seinen Abschluss an der Royal Academy of Dramatic Art. Danach arbeitete er in Stratford, wo er zu einem Hauptdarsteller der Royal Shakespeare Company wurde. In den Fünfzigern und Sechzigern trat er in mehreren Shakespeare-Stücken in Großbritannien und in den USA auf, bevor er in *Ereignisse beim Bewachen der Bofors-Kanone* (1968), seinem ersten Film, mitspielte. Die Rolle als Flynn brachte ihm einen BAFTA Award als bester Nebendarsteller ein. Während seiner langen Karriere wurde Ian für dreißig verschiedene Awards nominiert und hat 19 von ihnen erhalten – eine große Leistung. Er ist einer der besten Schauspieler, die Großbritannien je hervorgebracht hat. Er war auch schon einmal für einen Oscar nominiert, und zwar 1982 für *Die Stunde des Siegers*. Eine weitere Nominierung wäre also überfällig.

Auf einer Pressekonferenz, die vor Beginn der Dreharbeiten stattfand, wurde Martin gefragt, wie er Bilbo spielen wolle. Er antwortete: »Natürlich habe ich mir angesehen, was Ian gemacht hat. Ich muss seiner Darstellung natürlich bis zu einem bestimmten Grad entsprechen, sie aber auch vergessen. Ich habe versucht, nicht zu verkrampfen und mich nicht verwirren zu lassen. Ich habe probiert, vernünftig zu sein und mir anzusehen, wie er sich bewegt, was er mit seiner Stimme macht. Ohne eingebildet klingen zu wollen, muss ich sagen, dass ich wirklich gut zu ihm passe. Es gibt schlechtere Paarungen. Ich denke, ich kann einen jungen Ian Holm spielen. Ich freue mich darauf, muss mir allerdings vor Augen halten, dass ich nicht Ian Holm spielen darf. Aber natürlich wird es Anspielungen auf seine Darbietung geben.«

Ian drehte seine Szenen und Nahaufnahmen für *Der Hobbit* in England und musste nicht extra den weiten Weg nach Neuseeland auf sich nehmen, sodass Martin in Szenen mit Elijah Wood (Frodo) seinen Platz einnahm. Vor Beginn der Dreharbeiten sahen sich Jackson und seine Crew das Material an, das Ian in London aufgenommen hatte, und so konnten sie die Einstellungen zusammenführen. Eric Vespe, ein großer *Hobbit*-Fan, war bei den Drehs zugegen und schrieb in seinem Bericht für AintItCool. com: »Ich habe zwar nicht mit Elijah darüber gesprochen, aber ich wette, es bedeutete ihm viel, dass Martin da war und die Szenen mit ihm gespielt hat. Freeman hat sogar Ian Holms Art zu sprechen ein wenig nachgeahmt. Seine Imitation von Ian Holm war so gut, dass ich mich mehr als einmal gefragt habe, ob die Stimme, die ich über Kopfhörer hörte, Ians Playback oder Martins Stimme war. Normalerweise liest das Skriptgirl oder der Dialekttrainer in solchen Situationen den Text und das funktioniert auch ganz wunderbar, aber es ist trotzdem etwas anderes, wenn jemand richtig mit einem spielt.«

BIRMINGHAM

J.R.R. Tolkien, der Autor von *Der Hobbit*, kam zwar in Bloemfontein im Oranje-Freistaat (in der heutigen südafrikanischen Provinz Freistaat) zur Welt, aber die Tourismusbehörde in Birmingham, England, weist gern darauf hin, dass der Schriftsteller zwischen 1895 und 1911 in ihrer Stadt lebte. Tolkiens Großeltern hatten im Zentrum ein Geschäft, das seit Anfang des 19. Jahrhunderts im Besitz der Familie war – das Gebäude, in dem sich das Unternehmen befand, hieß Lamb House. Tolkiens Ururgroßvater führte ein Papierwarengeschäft und einen Buchladen im Lamb House und sein Urgroßvater hatte dort ein Stoff- und Strumpfwarengeschäft.

Die Birminghamer Tourismusbosse hoffen, dass die *Hobbit*-Filme Touristen in die Stadt locken werden, die sehen wollen, wo Tolkien seine Kindheit verbracht hat, und die sich für die Gebäude interessieren, die Tolkien beim Schreiben inspiriert haben. Man sagt, dass Perrott's Folly und Edgbaston Waterworks das Vorbild für die beiden Türme aus *Die zwei Türme* waren. Perrott's Folly trägt den Spitznamen »The Observatory« (dt. das Observatorium), es handelt sich um einen 29 Meter hohen Turm. Dieser wurde 1758 gebaut und ist als Grade-II-Denkmal klassifiziert.

Der freiwillige Helfer Chris Hoare erzählte 2003 Darren Cannan von der BBC bei einem Ausflug zum Perrott's Folly: »Man sollte immer daran denken, dass Tolkien in der Stirling

Road 25 gewohnt, das Oratory besucht und im Ivy Bush Inn getrunken hat.«

Vor Kurzem wurde in der Sarehole Mill in Hall Green eine Tolkien-Ausstellung eröffnet, in der die Verbindung zwischen dem Autor von *Der Hobbit* und der Stadt Birmingham mithilfe von Fotos und Filmen dargestellt wird. Der Vorsitzende der Birmingham Tolkien Group, Michael Wilkes, ist über die Galerie hoch erfreut und erzählte Neil Elkes von der *Birmingham Mail*: »Das ist ein Schritt nach vorn für das Tolkien-Erbe in Birmingham. Die Birmingham Tolkien Group hat dabei eng mit der Stadt zusammengearbeitet. Unsere Besucher kommen aus der ganzen Welt.«

Außerdem veranstaltet die Stadt seit 2000 jedes Jahr ein Tolkien-Wochenende. Im Jahr 2012 wurde gefeiert, dass *Der Hobbit* vor 75 Jahren veröffentlicht worden war. Die Feierlichkeiten hießen »Middle-earth weekend« und fanden am 19. und 20. Mai im Shire Country Park statt. Wichtige Szenen aus Tolkiens Werken wurden nachgespielt und es gab mittelalterliche Handwerkskunst, Bogenschießen, Tanz und Musik und vieles mehr. Der Eintritt war kostenlos und die Leute kamen von fern und nah, um dabei zu sein.

BOFUR

Name: Bofur
Volk: Zwerge aus Khazad-dûm (nicht Durins Volk)
Gespielt von: James Nesbitt
Beschreibung: Bofur trägt eine gelbe Kapuze, er ist der Bruder von Bombur sowie der Cousin von Bifur.

Bofur

Bofur wird von James Nesbitt gespielt. James oder »Jimmy«, wie er sich gern nennen lässt, stammt ursprünglich aus Ballymena in Nordirland. Mit 13 gab er als Artful Dodger in *Oliver Twist* sein Bühnendebüt. Er träumte zwar davon, Französischlehrer zu werden, änderte während des Studiums aber seine Meinung und brach es ab. Nun wollte er viel lieber Schauspieler werden und schrieb sich an der Central School of Speech and Drama in London ein.

Gegenüber Stuff.co.nz erklärte er, warum sich sein Berufswunsch verändert hatte: »Ich hatte die Nase voll davon, Essays zu schreiben, und ich war schon ein wenig als Schauspieler tätig gewesen, also brach ich mein Studium ab. Auf der Schauspielschule konnte man gut Mädchen kennenlernen, aber am Tag nach meinem Abschluss fing ich an zu arbeiten und plötzlich wusste ich: Okay, ich bin Schauspieler. Ich denke, ich hatte Glück, dass ich aus Nordirland stammte, denn damals gab es viele Produktionen über den Konflikt. Ich erinnere mich, dass ich an meinem ersten Tag 250 Mäuse verdiente – was heute noch viel Geld ist, und das war 1988. Ich besitze eine protestantische Arbeitsmoral: Es macht mir nichts aus, ein bisschen Kohle zu verdienen. Also dachte ich: Okay, ich bleibe dabei.«

Seinen Abschluss machte er 1987, danach spielte er in Theaterstücken und Musicals mit, bevor er die Rolle des Talentsuchers Fintan O'Donnell in *Hear My Song – Ein Traum wird wahr* (1991) erhielt. James ist vor allem für seine Mitwirkung in der Hitserie *Cold Feet* bekannt, in der er von 1997 bis 2003 Adam Williams spielte, und für seine Darstellung des Tommy Murphy in dem Fernsehfilm *Murphy's Law* (2001). Er wurde für über zwanzig Awards nominiert, unter anderem 2008 für einen Golden Globe für seine Darbietung als Dr. Tom Jackman in der Serie *Jekyll*. Bisher hat er acht Preise erhalten, unter anderem einen British Comedy Award, einen British Independent Film Award, einen

Irish Film and Television Award sowie einen Stockholm Film Festival Award.

In der Pressemitteilung, in der bekannt gegeben wurde, dass James den Zwerg Bofur spielen würde, erklärte Peter Jackson: »Der Charme, die Wärme und der Witz von James sind legendär, genauso wie die Bandbreite seiner komischen und dramatischen Rollen als Schauspieler. Wir freuen uns, ihn als Mitglied unserer Besetzung begrüßen zu dürfen.«

Filmfakt:
James Nesbitt ist (neben Billy Connolly) wohl der witzigste Schauspieler bei *Der Hobbit*. Er war nie als Stand-up-Comedian tätig, aber die anderen Schauspieler und die Crew lachten sich bei dem, was er sagte, schief.

Die Familie von James empfand den Umzug nach Neuseeland anfangs als traumatisch. Seine Töchter Peggy (13) und Mary (10) wollten ihre Freunde in London nicht zurücklassen. Bei einer Pressekonferenz in Wellington gab James zu: »Kinder in einem bestimmten Alter wollen nicht unbedingt ans andere Ende der Welt geschleppt werden, aber man hat ihnen ein warmes Willkommen bereitet. Jetzt lieben sie ihre Schulen.«

Seine Töchter gewöhnten sich schnell ein und hofften, dass ihr Dad Peter Jackson überreden könnte, ihnen Jobs als Statisten zu verschaffen. James gab zu, dass das eine Bedingung gewesen war, als sie sich einverstanden erklärten, für ein Jahr nach Neuseeland zu ziehen. Als James so weit weg von zu Hause lebte, musste er in aller Herrgottsfrühe aufstehen, um sein Pferd (Riverside Theatre) beim Pferderennen oder die Spiele von Manchester United zu sehen.

Nesbitt ist mit der Schauspielerin Sonia Forbes-Adam verheiratet. Die Filmfirma mietete für die Familie ein wunderschönes Haus in Wellington, in dem sie wohnen konnte, während James drehte. Sie kamen kurz vor dem Erdbeben in Christchurch in Neuseeland an. James sprach mit der *Daily Mail* über dieses Ereignis: »Als wir ankamen, war es so beschaulich und ruhig, dass wir uns gleich entspannten. Doch seit dem Erdbeben ist es seltsam. Wellington war nicht betroffen, aber einige Schauspieler und Crewmitglieder kennen Leute aus Christchurch und das ganze Land steht unter Schock. Das Erdbeben war eine schreckliche Sache und jeden Tag in den Nachrichten, was die Atmosphäre natürlich beeinflusst hat. Die Leute ziehen an einem Strang. In der Not zeigt sich, wie belastbar man ist.«

James hatte viel Spaß am Zwergen-Training, das sie Wochen vor Beginn der Dreharbeiten zu absolvieren hatten. Er erzählte *Digital Spy* davon: »Wir reiten viel und machen Stunts und so was. Eigentlich spielen wir! Das ist eine tolle Art, seinen Lebensunterhalt zu verdienen, es ist großartig. Ich muss sagen, sie nehmen uns hart ran, sind aber unkompliziert. Man hat das Gefühl, ein kleines Ensemble zu sein, aber eigentlich sind wir ein kleines Ensemble von Tausenden Leuten! Doch alle haben viel Spaß. Jeder Tag ist ein Vergnügen.«

Er weigerte sich preiszugeben, wer der schlechteste Schüler war, und sagte stattdessen: »Richard [Thorin] kann natürlich gut reiten, weil er in *Robin Hood* mitgespielt hat. Er spielt unseren Anführer, also ist es gut, dass er es kann. Aidan Turner [Kili] und Rob Kazinsky [der ursprünglich Fili spielen sollte] sind sportliche junge Männer. Aber wir sind alle unterschiedlich und haben verschiedene Fähigkeiten.«

Bei den Dreharbeiten zu *Der Hobbit* gab es 21 Wohnwagen, jeder Schauspieler hatte einen mit seinem Namen drauf. James schmückte seinen Wagen mit einer Neuseelandfahne, bunten Girlanden, einer irischen Flagge und Schleifen in den irischen Farben Grün, Weiß und Orange. Außerdem zierten ein gerahmtes

Foto seines Hundes und Bilder seiner Heimat und der irischen Küste sowie eine Fotomontage seines Rennpferdes Riverside Theatre seinen Wagen.

Schon gewusst?
Ein paar Wochen nach seiner Ankunft in Neuseeland besuchte James das Rugbyturnier Wellington Sevens als Hühnchen verkleidet! Auf der ersten *Hobbit*-Pressekonferenz erklärte er: »Ich war in der Firmenloge und ich war der Einzige in einem Kostüm. Die Leute sprachen mit mir, weil sie dachten, dass ich wahrscheinlich wichtig sei.« Aber warum verkleidete er sich als Hühnchen? Seine Antwort: »Es fühlte sich einfach richtig an.«

BOLG
Name: Bolg
Auch bekannt als: Bolg aus dem Norden
Volk: Orks
Gespielt von: Conan Stevens
Beschreibung: Bolg ist ein Kriegsherr der Orks. Er ist grausam und gefühllos.

Bolg wird von dem australischen Schauspieler Conan Stevens gespielt. Dieser hätte die Rolle beinahe nicht bekommen, weil er die erste Runde der Vorsprechen verpasst hatte. Aber zum Glück konnte sein Manager helfen. Er verabredete mit dem Castingchef, dass Conan sein Vorsprechen filmen und ihm übers Internet zukommen lassen sollte. Doch bevor er dies tun konnte, erkrankte der Schauspieler an Dysenterie (eine Entzündungserkrankung des Darms). Da die Zeit knapp war und er sich diese Chance nicht entgehen lassen wollte, drehte er das vereinbarte Video, obwohl er viel Gewicht verloren hatte und sich noch schwach fühlte. Der Castingchef war von der Aufnahme beeindruckt und der Rest ist Geschichte.

Eine Rolle in *Der Hobbit* zu bekommen bedeutete Conan viel, weil das Buch großen Eindruck auf ihn gemacht hatte, als er es mit zwölf Jahren gelesen hatte. Er liebte es und las danach auch *Der Herr der Ringe* sowie die *Odyssee* und andere Geschichten der römischen und griechischen Mythologie. Danach wandte er sich Rollenspielen wie *Dungeon & Dragons*, *Aftermath* und *Warhammer* zu. Als er 16 war, wollte er Actionfilmstar werden. Mehr Informationen über Conan gibt es auf www.conanstevens.com.

Bevor er gecastet wurde, war er 25 Jahre lang professioneller Wrestler und Martial-Arts-Experte. Er ist 2,16 Meter groß und vor *Der Hobbit* war seine größte Rolle die des Gregor Clegane in der Fernsehserie *Game of Thrones* (2011).

In einer Drehpause bei den *Hobbit*-Filmen spielte er in einer Folge der Serie *Spartacus – Blood and Sand* mit, die in Auckland gedreht wird. Das war eine große Herausforderung für ihn, da die meisten seiner Sätze in Deutsch waren, in einer Sprache, die er nicht spricht. Außerdem fand er noch die Zeit, in Malaysia in *Vinkingdom* (2012) den nordischen Gott Thor zu spielen.

Schon gewusst?
Neben der Schauspielerei interessiert sich Conan Stevens auch für das Drehbuchschreiben, er hat bereits vier Skripte verfasst.

Conan trainiert sehr viel, um muskulös auszusehen. Da er so groß ist, isst er alle zwei Stunden, um genug Energie zu haben, wenn er ins Fitnessstudio geht. Conan achtet auf seine Ernährung und während der Dreharbeiten zum *Hobbit* versuchte er, so viel Biogemüse, Fleisch und Eier wie möglich zu essen.

BOMBUR
Name: Bombur
Volk: Zwerge aus Khazad-dûm (nicht Durins Volk)
Gespielt von: Stephen Hunter
Beschreibung: Bombur ist ein großer, dicker Zwerg. Der Bruder von Bofur und Cousin von Bifur schlägt die Trommel und trägt eine hellgrüne Kapuze.

Der neuseeländische Schauspieler und Sprecher Stephen Hunter übernahm die Rolle des Bombur. Stephen spielt vor allem komische Rollen in Fernsehserien, und bevor er als Bombur gecastet wurde, hatte er erst in einem einzigen Film mitgespielt. Am bekanntesten wurde er mit einer Toyota-Werbung, in der er mit freiem Oberkörper auftrat. Übergewichtig zu sein macht ihm nichts aus: Wenn er dünn gewesen wäre, hätte man ihn nicht als Bombur gecastet.

Stephen spielte in Schulaufführungen mit und nahm Radiowerbung auf, bevor er vor sieben Jahren nach Sydney zog, um Schauspieler zu werden. Er suchte sich einen Agenten und nahm erfolglos an einem Vorsprechen für *Der Herr der Ringe* teil. Um seine Rechnungen bezahlen zu können, machte er Werbung und Synchronisationen, aber finanziell waren das schwere Zeiten – er konnte keinen Teilzeitjob annehmen, weil er bereit sein musste, falls sein Agent anrief und eine Rolle für ihn hatte.

Schon gewusst?
Wie viele der Schauspieler, die die Zwerge spielen, hat auch Stephen *Der Hobbit* als Kind gelesen, aber die *Herr der Ringe*-Trilogie las er erst in seinen Zwanzigern – und er brauchte dazu ein Jahr!

Als Stephen von den Castings für *Der Hobbit* erfuhr, war er sehr aufgeregt, aber am entscheidenden Tag vermasselte er es fast, weil er auf den Rat eines Freundes gehört hatte. Er machte vor dem Vorsprechen ein paar Liegestütze, war danach allerdings so außer Atem, dass er es fast nicht schaffte. Nach dem Casting musste er zwei Monate auf den Anruf warten, in dem man ihm mitteilte, dass er die Rolle des Bombur erhalten hatte. Stephens schwangere Partnerin war zu Hause, als der Anruf kam, sie glaubte, dass einem Freund etwas Schlimmes zugestoßen sei, weil Stephen kreidebleich wurde. So viele bekannte Schauspieler sollten in *Der Hobbit* mitspielen und er sollte nun dazugehören!

In Peter Jacksons Produktionsvideo Nummer sechs gab Stephen zu: »Ich denke, am besten hat mir zweifelsohne der Tag gefallen, an dem wir in Tonnen den Pelorus River hinuntergetrieben sind. Das war total cool, und falls daraus mal eine Fahrt in einem Vergnügungspark wird, möchte ich bitte lebenslangen freien Eintritt!« Als sie dort drehten, kam die Polizei vorbei und gab eine Unwetterwarnung bekannt, sodass man alles so schnell wie möglich zusammenpacken musste. Das war eine gute Entscheidung, denn ein paar Stunden später wurde das ganze Gebiet überschwemmt. Der Wasserpegel des Flusses stieg um sechs bis neun Meter an.

BÜRGERMEISTER DER SEESTADT

Name: Bürgermeister der Seestadt
Auch bekannt als: Bürgermeister von Esgaroth
Volk: Menschen
Gespielt von: Stephen Fry
Beschreibung: Der Bürgermeister ist gierig, sein Wohlergehen ist ihm wichtiger als das aller anderen. Als der Drache Smaug die Stadt angreift, flüchtet er in seinem vergoldeten Boot.

Der in Hampstead, London, geborene Stephen Fry spielt den Bürgermeister von Esgaroth. Er ist nicht nur Schauspieler, sondern auch Autor, Regisseur, Dramatiker, Moderator, Poet und Journalist. 2010 wurde er Verwaltungsratsmitglied beim Fußball-club Norwich City F.C., den er schon seit seiner Kindheit unter-stützt. Er ist vor allem als Moderator der Sendung *QI* und in der Rolle als Peter Kingdom in der Serie *Kingdom* bekannt.

Am 19. Mai 2011 hinterließ Peter Jackson eine Nachricht auf seiner Facebook-Seite, um den Fans mitzuteilen, dass Fry gecastet wurde. Er schrieb: »Wir bestätigen sehr gern, dass Stephen Fry den Bürgermeister der Seestadt spielen wird. Ich kenne Stephen schon ein paar Jahre. Er ist ein großartiger Drehbuchautor, aber auch ein fantastischer Schauspieler und er wird einen unvergesslichen Meister für uns spielen.«

Schon gewusst?

Stephen Fry hat das Drehbuch für ein Remake von *Mai '43 – Die Zerstörung der Talsperren* geschrieben. Regie wird Christian Rivers, ein Designer von Weta, führen und produzieren wird den Film Peter Jackson.

Fry hatte viel Spaß am Set und erzählte *Digital Spy* ein paar Monate später: »Ich war den ganzen August in Neuseeland, als dort merkwürdigerweise Winter war, und es war fantastisch. Ich habe den Bürgermeister von Esgaroth gespielt, eine widerliche Figur. Die meisten Figuren im *Hobbit* sind Zwerge, die wunderbar witzig sind, und silbrige Elben wie Orlando, so elegant und schön. Und dann gibt es noch Bard den Bogenschützen, der gut aussieht und stark ist. Meine Figur bietet die Chance, ein wenig widerlich zu sein. Der Bürgermeister der Seestadt, dieser stinkenden Stadt auf Stelzen im See am Berg, wo Smaug der Drache lebt, ist korrupt. Peter ließ mich Hoden essen, widerlichen Gelüsten frönen. Ausgestattet bin ich mit einem Bart, einer Glatze und einer wirklich hässlichen Perücke darüber, einem dünnen Schnurrbart und schrecklich fleckiger Haut sowie ekelhaften Fingernägeln. Der Bürgermeister ist echt unappetitlich, ein Feigling und sehr, sehr gierig. Wir hatten viel Spaß. Die Atmosphäre an jedem von Peter Jacksons Sets ist wundervoll – wie jeder Schauspieler bestätigen wird –, weil er freundlich und lustig und ein liebenswürdiger Mann ist. Trotz der außergewöhnlichen Macht, über die er in der Branche verfügt, und trotz seiner Erfolge ist er bescheiden und hilfsbereit geblieben. Es ist leicht, mit ihm zusammenzuarbeiten, weil er weiß, was er will. Und natürlich hat er mit Weta Workshop und Weta Digital auch eine außergewöhnliche technische Unterstützung. Diese beiden Unternehmen, die er und Richard Taylor in Wellington aufgebaut haben, sind die besten der Welt für Make-up-Effekte, Modelle, Skulpturen und visuelle Effekte – darum hat James Cameron seinen Film *Avatar – Aufbruch nach Pandora* (2009) auch in Neuseeland gedreht.«

CASTINGS

Tausende Menschen nahmen an den Vorsprechen für *Der Hobbit* teil, darunter auch ein paar berühmte Leute. Ronan Keating, Boyzone-Star und Jurymitglied bei der australischen Version von *X Factor*, wollte zum Beispiel unbedingt eine Rolle ergattern, weil er auch als Schauspieler Fuß fassen möchte. Die ersten Castings fanden 2010 statt. Ronan erzählte Clickonline.com: »Wenn ein Sänger versucht, Schauspieler zu werden, ist das sehr, sehr schwierig. Für ihn ist es schwer zu beweisen, dass er auch Schauspieler sein kann, denn die Leute sagen sofort: ›Der taugt doch nichts.‹ Ich bin in den letzten Jahren zu vielen Castings gegangen und war nie gut genug. Aber ich habe das Gefühl, dass ich mich in den vergangenen zwei Jahren entwickelt habe, und nun fühle ich mich wohl dabei, den Leuten zu beweisen, dass ich schauspielen kann.«

Bei seinem Vorsprechen für *Der Hobbit* bewarb er sich um eine Rolle als Elbenkrieger, bekam diese aber nicht. Dennoch ist er froh, es versucht zu haben, denn er sieht es als eine großartige Chance, weil er denkt, dass sein Mangel an Erfahrung vielleicht gegen ihn gesprochen haben könnte. Seither hat er erfolgreich für die Rolle des James Dickens in dem australischen Film *Goddess* vorgesprochen, der im März 2013 veröffentlicht werden soll.

Der Journalistin Kathryn Rogers gegenüber sagte er: »Ich wünschte, das Timing wäre anders gewesen und *Goddess* wäre vor dem *Hobbit* herausgekommen – vielleicht hätten sie mir dann eine Chance gegeben.«

Schon gewusst?

Der britische Comedian und Schauspieler Bill Bailey sprach erfolglos für die Rolle des Glóin vor.

Der Comedian Jarred Christmas nahm ebenfalls am Vorsprechen für *Der Hobbit* teil, aber auch er hatte keinen Erfolg. Gegenüber

Spoonfed.co.uk erzählte er: »Letztes Jahr habe ich für *Der Hobbit* vorgesprochen, um einen der Zwerge zu spielen. Ich dachte, ich könnte in meinem Kiwi-Englisch reden, aber sie wünschten eine britische Ausdrucksweise. Ich habe zuerst mit einem Akzent aus Südwestengland gesprochen, dann ein bisschen walisisches Englisch und am Ende Cockney. Die Rolle habe ich trotzdem nicht bekommen. Ich denke, sie waren nicht unbedingt auf der Suche nach einem Akzent-schizophrenen Zwerg.«

Ronan und Jarred hatten sich beide um Sprechrollen beworben, aber es wurden auch Hunderte von Statisten gesucht. Die dafür verantwortlichen Leute hatten entschieden, in Lower Hutt in der Nähe von Wellington in Neuseeland ein offenes Casting zu veranstalten. Allerdings strömten so viele Menschen herbei, dass man die Polizei rufen musste. Man hatte mit etwa 1200 Leuten gerechnet, aber am Ende kamen über 3000.

Man ließ die ersten achthundert vorsprechen, musste dann aber abbrechen, bevor die Dinge aus dem Ruder liefen. Die Schlange der Bewerber war irrwitzig lang und Chris Ryan, der die wartenden Menschen betreute, erklärte dem *New Zealand Herald*: »Es gab ein paar Probleme auf der Autobahn. Die Leute fuhren langsamer, weil sie sich die Menschenmassen ansehen wollten. Die Wartenden benahmen sich ziemlich gut, die meisten waren vernünftig und gut vorbereitet, sie hatten Schirme, Stühle und Sonnencreme dabei.«

Unglaublich viele Menschen wollten Teil von *Der Hobbit* sein und alle möglichen Leute tauchten bei den Castings auf. Gesucht wurden Männer unter 1,63 Meter, Frauen unter 1,52 Meter, Männer mit markanten Gesichtern, die 1,75 Meter groß oder größer waren, Männer mit großem Bizeps, egal welcher Körpergröße, Frauen mit markanten Gesichtern und langen Haaren sowie Männer und Frauen mit schlanken, athletischen Figuren zwischen 1,65 Meter und 1,93 Meter.

Nach diesem großen Ansturm beschloss man, die restlichen Castings online durchzuführen, damit so etwas nicht noch einmal passierte.

CINEMACON

Die offizielle Convention der National Association of Theatre Owners, die CinemaCon, findet immer im März oder April im Caesars Palace in Las Vegas statt. Für *Hobbit*-Fans war die Veranstaltung 2012 etwas ganz Besonderes, da es eine exklusive Vorschau auf den Film gab.

Peter Jackson erschien auf der Leinwand und bat das Publikum, die 3D-Brillen aufzusetzen. Dann sprach er kurz über die Geschichte des Films und erklärte, dass beim Übergang vom Stumm- zum Tonfilm verschiedene Bildfrequenzen eingeführt wurden. Er berichtete, dass Kinobesucher in den letzten siebzig Jahren Filme mit einer Frequenz von 24 Bildern pro Sekunde gesehen haben, *Der Hobbit* dagegen mit 48 Bildern pro Sekunde aufgenommen wird. Danach gab es eine zehnminütige Vorführung.

Quickbeam von TheOneRing.net schrieb in seiner Rezension: »Einen atemberaubenden Moment lang hatte ich das Gefühl, jemand zu sein, der nach endlosen Jahren der Schwarz-Weiß-Filme einen Farbfilm sieht. Jemand hatte das Glas von der Windschutzscheibe entfernt und man sah etwas ›Echtes‹, und zwar in 3D.«

Einige Zuschauer fanden weniger lobende Worte für die neue Bildfrequenz. Peter Sciretta von *Slashfilm* meinte: »Es wirkte wie ein Fernsehfilm der BBC. Die Bewegungen der Schauspieler sahen seltsam aus, fast als hätte man ihre Darbietung zum Teil beschleunigt. Aber die Dialoge passten zu den Lippenbewegungen, also war es kein Effekt. Es sah nicht filmisch aus.«

Quickbeam meinte, das sei eine Sache des Geschmacks. Er fuhr fort:»Meine Reaktion aus dem Bauch heraus war:Wow, das sieht aber echt anders aus. Denn so wie alle bin ich an die Qualität gewöhnt, die ich mein Leben lang in den Kinos gesehen habe. Ist es mit einem HD-Video vergleichbar? Ja, irgendwie schon. Das Bild ist eigentlich so makellos, kristallklar und kontrastreich, dass ich einen Moment lang dachte, es sei eine Liveübertragung in HDTV. Aber bisher wurden noch keine Farbkorrekturen vorgenommen und viele Farb- und Lichtnuancen werden noch vor dem 14. Dezember 2012 angepasst werden.«

Nachdem es positive und negative Kritiken gegeben hatte, beschloss Peter Jackson, sich zu Wort zu melden und auf die Beschwerden, so gut er konnte, zu reagieren. Er sagte gegenüber *Entertainment Weekly*:»Niemand wird damit aufhören. Diese Technologie wird sich immer weiterentwickeln. Anfangs ist es ungewöhnlich, weil man noch nie so einen Film gesehen hat. Es ist buchstäblich eine neue Erfahrung, aber das bleibt nicht den ganzen Film lang so – auf keinen Fall –, sondern nur für zehn Minuten oder so.«

Er hoffte, dass die Fans sich später eine eigene Meinung bilden würden – und wenn sie die neue Form wirklich nicht mochten, könnten sie sich auch die normale Version ansehen, denn die 48-Bilder-pro-Sekunde-Fassung wird nicht in jedem Kino gezeigt.

DÁIN EISENFUSS

Name: Dáin Eisenfuß
Auch bekannt als: König unter dem Berg, König von Durins Volk
Volk: Zwerge, Durins Volk
Gespielt von: Billy Connolly
Beschreibung: Dáin, Sohn von Náin, gehört zu den großen Zwergen seiner Zeit, er ist ein nobler Anführer. Die Waffe seiner Wahl ist eine rote Axt.

Dáin wird von Billy Connolly gespielt, der für diese Rolle Berichten zufolge einen Fatsuit tragen musste, da er 1,83 Meter groß ist und man dachte, dass er kleiner wirken würde, wenn er dicker wäre.

Billy wurde in Glasgow in Schottland geboren, er hatte eine traumatische Kindheit. Seine Mutter verließ ihn, als er drei war, seine Tante schlug ihn und im Alter zwischen zehn und 15 wurde er von seinem Vater missbraucht. Nachdem er mit 15 die Schule verlassen hatte, arbeitete er als Bote und Schweißer auf einer Werft, bevor er nach London zog und Gitarre und Banjo in der schottischen Folkgruppe The Humblebums spielte. Bei ihren Auftritten kamen Billys Ansagen beim Publikum sehr gut an, weshalb er es in Betracht zog, Stand-up-Comedian zu werden.

Ende der Sechziger hatte er The Humblebums verlassen, um eine Solokarriere zu starten. Er war der erste »Working-class«-Comedian. Nach und nach erzielte er immer größere Erfolge. Heute lebt er mit seiner zweiten Frau, Pamela Stephenson, in New York. Sie war Schauspielerin und Comedian und ist jetzt als klinische Psychologin tätig. In Großbritannien ist sie besonders dafür bekannt, den dritten Platz in der achten Staffel von *Strictly Come Dancing* belegt zu haben.

Billy ist vielleicht vor allem als Comedian bekannt, aber über die Jahre hat er auch in einigen Filmen mitgespielt – von dem

Kinderfilm *Lemony Snicket – Rätselhafte Ereignisse* (2004) bis zum Thriller *Der blutige Pfad Gottes* (1999). Er wurde als letztes Mitglied der Besetzung von *Der Hobbit* ausgewählt. Peter Jackson erzählte dem *Hollywood Reporter* im Februar 2012: »Wir konnten uns keinen passenderen Schauspieler vorstellen, der Dáin Eisenfuß spielen könnte, den loyalsten und toughesten der Zwerge, als Billy Connelly, the Big Yin. Mit Billy ist die Besetzung von *Der Hobbit* nun komplett. Wir können es kaum erwarten, ihn auf dem Schlachtfeld zu erleben!«

Jackson freute sich also darauf, Billy in Kampfszenen zu sehen, aber weil die Rüstung sehr schwer war, waren die für den 69-jährigen Schauspieler eine echte Herausforderung. Der Dreh dieser Szenen bedeutete harte Arbeit!

Schon gewusst?
Billy hatte sich auf die Dreharbeiten in Neuseeland gefreut, weil er schon 2003, als er in *Last Samurai* mitspielte, Zeit in dem Land verbracht hatte. Er angelt sehr gern in seiner Freizeit und freute sich darauf, wieder Forellen zu fangen.

»DER HERR DER RINGE« – DIE FILME
Die *Herr der Ringe*-Filme kamen 2001, 2002 und 2003 ins Kino. Sie basieren auf J.R.R. Tolkiens Büchern, die 1954/55 zum ersten Mal veröffentlicht wurden. Bei einem Interview mit *GreenCine* sagte Peter Jackson im Dezember 2002: »Es gibt auf jeden Fall Themen, die für Tolkien wichtig waren. Zu Beginn des Projekts schworen wir uns, dass wir nicht unsere eigenen Botschaften oder

Themen in die Filme packen würden. Wir wollten versuchen zu analysieren, was Tolkien wichtig war, und seine Absichten in Ehren halten. In gewisser Weise haben wir diese Filme für ihn gedreht, nicht für uns.«

Der erste Film hieß *Der Herr der Ringe – Die Gefährten*, der zweite war *Der Herr der Ringe – Die zwei Türme* und der dritte *Der Herr der Ringe – Die Rückkehr des Königs*. Peter Jackson führte bei allen drei Filmen, die von New Line Cinema vertrieben werden, Regie.

Wie *Der Hobbit* waren die *Herr der Ringe*-Filme in Neuseeland gedreht worden. Der erste spielte weltweit 871 Millionen Dollar ein, der zweite 926 Millionen und der dritte knackte die Milliardenmarke. Die *Herr der Ringe*-Trilogie ist kommerziell die siebterfolgreichste Filmreihe aller Zeiten.

Das sind die Top Ten:
1. *Harry Potter*
2. *James Bond*
3. *Star Wars*
4. *Fluch der Karibik*
5. *Marvel Cinematic Universe*
6. *Shrek*
7. *Der Herr der Ringe*
8. *Transformers*
9. *Batman*
10. *Twilight*

Jeder Teil der Trilogie war für mehrere Oscars nominiert, wobei *Die Rückkehr des Königs* die meisten erhielt. Der Film bekam alle elf Oscars, für die er nominiert war. Vier Oscars von möglichen 13 gingen an *Die Gefährten* und *Die zwei Türme* war sechsmal nominiert und wurde mit zwei Preisen ausgezeichnet.

»Der Herr der Ringe« – Die Filme

Peter Jackson hatte *Der Herr der Ringe* zum ersten Mal als Teenager gelesen, nachdem er den Trickfilm von 1978 gesehen hatte. Er musste sich auf einer zwölfstündigen Zugfahrt von Wellington nach Auckland beschäftigen und hatte dabei viel Zeit zum Lesen. Als er aus dem Fenster sah, dachte er bei sich, dass die neuseeländische Landschaft Mittelerde in Tolkiens Geschichten sehr ähnelte.

Ursprünglich plante er zwei und nicht drei Filme. Zusammen mit seinen Partnern Fran Walsh, Philippa Boyens und Stephen Sinclair arbeitete er 14 Monate lang an den ersten Skripts. Sinclair zog sich später zurück, weil er andere Verpflichtungen hatte. Nachdem Miramax zu dem Schluss gekommen war, dass das Budget nicht für zwei Filme reichen würde, schlug man vor, das Ganze zu überarbeiten und nur einen Film zu produzieren. Peter hasste diesen Gedanken, weshalb er Gespräche mit anderen Studios führte. Während eines Treffens mit New Line Cinema fragte der Mitbegründer Robert Shaye, warum sie zwei Filme machen wollten und nicht drei, obwohl Tolkiens Geschichte in drei Bänden veröffentlicht worden war. New Line Cinema wollte die Filme machen, wenn es drei werden würden!

Schon gewusst?

Für die *Herr der Ringe*-Filme musste Weta Workshop 500 Bogen und 10.000 Pfeile herstellen! Außerdem wurden 48.000 Waffen handgefertigt.

Filmfakt

19.000 Kostüme wurden für die drei Filme gebraucht. Für die *Herr der Ringe*-Filme wurden 1800 Paar Hobbitfüße angefertigt. Und da zwischen dem letzten Film und den Dreharbeiten zu *Hobbit* eine so lange Zeit lag, musste das Art Department bei null anfangen.

Während Peter Jackson einen Film dreht, schläft er kaum. Normalerweise muss er mit vier Stunden Schlaf auskommen, weil er tagsüber so viel zu tun hat.

Einige der Special Effects in *Der Herr der Ringe* hatte man noch nie zuvor gesehen. Insgesamt gab es in den drei Filmen 2730 Spezialeffekte, die von Hunderten von Leuten auf die Leinwand gezaubert wurden.

Für jeden Film hatte Peter Jackson einen anderen Cutter engagiert. Bei *Die Gefährten* war John Gilbert für den Schnitt verantwortlich. Michael Horton und Jabez Olssen besorgten bei *Die zwei Türme* den Schnitt und Jamie Selkirk und Annie Collins bei *Die Rückkehr des Königs*. Zehn Jahre später engagierte Jackson Jabez Olsson als Cutter für die *Hobbit*-Filme.

Das Studio wünschte, dass der Regisseur am Anfang des zweiten Films einen Rückblick auf die bisherige Handlung einbaute – für den Fall, dass einige Zuschauer den ersten Teil nicht gesehen hatten. Jackson hasste diese Idee und erzählte *IGN*: »Ich dachte mir: Wie viele Menschen werden sich *Die zwei Türme* ansehen, ohne *Die Gefährten* zu kennen? Natürlich wird es ein paar geben, denn es wird immer einige Leute geben, die hingehen und sich dann wundern, warum sie verwirrt sind. Ich nahm einfach an, dass es für eine Zusammenfassung keinen Grund gab, weil *Die Gefährten* schon auf DVD veröffentlicht war. Man muss die DVD nicht mal selbst kaufen, weil man bestimmt einen Freund hat, von dem man sie borgen kann, oder man kann sie sich für ein paar Dollar ausleihen. Ich gehe einfach davon aus, dass die Leute informiert sind. Ich wollte nicht, dass die ersten fünf Minuten des Films auf eine kleine Minderheit ausgerichtet sind, die ins Kino geht, ohne den ersten Teil gesehen zu haben. Außerdem sind diese Rückblicke irgendwie ein kitschiges Fernsehding … [Er spricht mit veränderter Stimme:] Was bisher bei *Der Herr der Ringe* geschah … [lacht] Mein Ansatz war: Die Leute, die *Die Gefährten* gesehen hatten, gucken sich jetzt die Geschichte weiter an. Man legt einfach die nächste Filmrolle ein und es geht gleich weiter. Ich wollte, dass es diese Einheit gibt, dieses Gefühl.«

Filmfakt:
Für den Nazgûl-Sound benutzte man die Stimme von Fran Walsh und der Sounddesigner David Farmer lieferte das Geheul der Warge.

Die Kritiker und Fans auf der ganzen Welt lieben die *Herr der Ringe*-Filme und auf der Webseite *Rotten Tomatoes* haben sie durchschnittlich eine Wertung von 94 von 100 möglichen Punkten bekommen. *USA Today* gab 2007 bekannt, dass die drei Teile der *Herr der Ringe*-Serie die wichtigsten Filme der vergangenen 25 Jahre waren. Wird *Der Hobbit* das noch toppen können? Abwarten.

Tolkien-Forscher schmeichelten den Filmen weniger. Wayne G. Hammond schrieb zum Beispiel das Folgende über die ersten beiden Teile: »Ich empfinde beide Filme von Jackson als Zerrbilder, die dem Buch nur bei der wesentlichen Handlung folgen. Man sollte es komprimieren und zusammenschneiden, wo es nötig ist, aber nichts verändern oder Neues hinzufügen, ohne einen sehr guten Grund dafür zu haben. Wo der Film gelungen ist, hält er sich eng an das, was Tolkien so sorgfältig aufgeschrieben hat. In den Teilen, die nicht gelungen sind, entfernt man sich von ihm, vor allem in der Charakterisierung. Die meisten Figuren im Film sind nichts weiter als ein Schatten der Figuren aus dem Buch. Sie sind schwach und beeinträchtigt (insbesondere Frodo) oder beleidigende Karikaturen (Pippin, Merry und Gimli). Die Filmemacher opfern die Vielfalt von Tolkiens Geschichte und Figuren und den gesunden Menschenverstand zugunsten von Gewalt, billigen Witzen und noch billigeren Kicks. Viele Kritiker haben die Filme dafür gelobt, dass sie dem Buch treu oder ihm sogar überlegen sind, was das Ganze nur noch Schlimmer macht und nachweislich falsch ist.«

Wer mehr darüber erfahren möchte, was Wissenschaftler über die Filme denken, sollte *The Mines of Moria: Anticipation and Flattening in Peter Jackson's The Fellowship of the Ring* von Janet Brennan Croft lesen. Viele Forscher erwähnen, dass Tolkien selbst nicht daran glaubte, dass *Der Herr der Ringe* dramaturgisch umgesetzt werden könnte.

Peter Jacksons Favorit unter den *Herr der Ringe*-Filmen ist *Die Rückkehr des Königs*. Steven Head von *IGN* erklärte er, warum: »Es ist der Höhepunkt! Es gibt ein Ende. Und das wird Zeit! Nein, nein. Es ist sehr, sehr emotional. Und ich finde ... Na ja, es gibt mehrere Stellen, an denen ich Tränen in den Augen hatte. Es ist biblisch. Irgendwie der Höhepunkt. Es ist wunderbar übertrieben und episch. Und zur gleichen Zeit ist es unglaublich emotional. Es geht vor allem um Mut. In der Frodo/Sam-Geschichte geht es um Mumm, Entschlossenheit und Tapferkeit und das finde ich ziemlich bewegend.«

Filmfakt:
Zur Weltpremiere von *Die Rückkehr des Königs*, die im Embassy Theatre in Wellington, Neuseeland, stattfand, waren über 100.000 Fans in der Stadt.

Peter Jackson hat in den Filmen, bei denen er Regie führt, gern einen Cameo-Auftritt. Im ersten *Herr der Ringe*-Film spielte er einen betrunkenen Einwohner von Bree. Im zweiten wirft er einen Speer auf die Uruk-hai bei der Schlacht um Helms Klamm. Und im dritten Film hatte er sogar zwei Auftritte. Er war ein Bootsmann auf einem Korsarenschiff und dann wurde seine Hand noch in einer Szene als Sams Hand benutzt, in der Kankra Frodo eingewickelt hat. Zum zweiten Cameo-Auftritt kam es nur, weil Sean Astin (Sam) gerade nicht am Set war, als man die Szene drehen musste.

Bei einem Chat im Mai 2008, als Jackson noch nicht Regisseur, sondern nur Produzent der Filme war, fragte ihn ein Fan: »Werden Sie im *Hobbit* einen Cameo-Auftritt haben und welche Figur würden Sie gern spielen?«

Er antwortete: »Darüber habe ich noch gar nicht nachgedacht. Ich habe es mir zur Regel gemacht, in den Filmen, bei denen ich Regie führe, einen kleinen Gastauftritt einzubauen. Ich weiß allerdings nicht, ob das auch für Filme gilt, die ich produziere – ich schätze, wir werden das herausfinden. Ich liebe Hobbits! Ich bin in vielerlei Hinsicht ein Hobbit, wie meine Eltern auch. Tolkien hat mal über Menschen geschrieben, die er vor dem Krieg in England kannte, und irgendwann muss er meine Verwandten getroffen haben!«

Schon gewusst?
Nach dem Ende der Dreharbeiten war Peter Jackson auf einem Gesundheitstrip, da er nicht länger übergewichtig sein wollte. Er nahm über zwanzig Kilo ab. Er verzichtete auf Fastfood und Süßigkeiten und aß lieber Müsli und Joghurt. Außerdem ließ er sich die Augen lasern, um seine Brille loszuwerden, denn er hatte die Nase voll davon, bei Außendrehs ständig seine Gläser putzen zu müssen.

Für Peter und die Fans war es wichtig, dass die *Hobbit*-Filme zu den *Herr der Ringe*-Filmen passen.

Beim Sundance Film Festival sagte Peter gegenüber MTV: »Wir wollen, dass es eine fünfteilige Filmreihe wird. Zum Glück hat Tolkien in den Anhängen zu *Der Herr der Ringe* vieles geschrieben, womit er zwanzig, dreißig Jahre nach Veröffentlichung von *Der*

Hobbit selbst versuchte, die beiden Geschichten zusammenzuführen. Dieses Material konnten wir benutzen.«

DESIGN

Weta Workshop ist eine Special-Effects-Firma, die sich darauf spezialisiert hat, Requisiten für Filme und Serien herzustellen. Sie wurde 1987 von Richard Taylor und Tania Rodger gegründet und Weta Digital, der digitale Zweig, entstand 1993. Weta Workshop stellte die Sets, Waffen, Kostüme, Rüstungen und Kreaturen für *Der Herr der Ringe* her und bekam den Auftrag, das für *Der Hobbit* ebenfalls zu tun. Der Chef-Maskenbildner Gino Acevedo spielte bei der Erstellung der Requisiten und des Make-ups für die *Hobbit*-Filme eine große Rolle.

John Howe und Alan Lee waren die Filmdesigner. Sie waren schon bei *Der Herr der Ringe* beteiligt und sind Mittelerde-Experten. Als Guillermo del Toro Regisseur war, engagierte er die Comicbuchkünstler Mike Mignola und Wayne Barlowe, die bei den Designs helfen sollten. In einem Chat mit Fans erklärte Guillermo seinen Ansatz. Er sagte: »Ich plane, Computeranimationen und Realfilm derart zu vermischen, dass es der Zuschauer nicht unterscheiden kann. Es ist meine Absicht, den Geist zu beschäftigen, aber nie zu erlauben, dass eine der Schwächen, die beide Techniken haben, die Oberhand gewinnt. Ja, ich habe durch praktisches Herumprobieren gelernt, dass man beide Techniken mischen muss und wie man sie mischen muss, um Landschaften und lebende Kreaturen zu erschaffen. Weta ist das absolut beste Unternehmen, aber wir werden die Teams aufstocken, die für die Kreaturen und für die Prothesen zuständig

Design

sind. Man stelle sich eine Kreatur mit einem ferngesteuerten Gesichtsmuskel-System vor, bei der Teile des Kopfes oder der Mund computeranimiert sind, und man bekommt eine Vorstellung von dem, was ich meine.«

Del Toro sprach auch darüber, was die Fans von den Designs im *Hobbit* zu erwarten hatten. Er sagte: »Die grundlegenden, bereits eingeführten Designs werden einfach nur ›aktualisiert‹ werden – im Hinblick auf den Unterschied in der Epoche. In Mittelerde bewirkt ein halbes Jahrhundert mehr oder weniger keine so großen Veränderungen, aber man denke nur daran, wie sehr sich unsere Welt seit, sagen wir, 2001 gewandelt hat. Die neuen Sets und Designs werden sich so gut einfügen, dass man nicht das Gefühl hat, es würde sich um eine ganz neue Welt handeln. Aber die Filme werden eine unverkennbare stilistische Spur hinterlassen.«

Del Toro wollte, dass jeder Zwerg ein individuelles Aussehen bekam und doch irgendwie den anderen ähnelte, wie er in einem Chat mit *Indalo Productions* erklärte: »Das Buch verlangt, dass man sie glaubwürdig erscheinen lässt und dass man zumindest die 13 Zwerge, die Sprechrollen haben, unvergesslich macht. Offiziell sind sie in der Geschichte alle wichtig und man kann sie nicht wie Nebenfiguren behandeln. Die Idee ist, dass man so etwas wie in *Die glorreichen Sieben* macht – sie alle wurden aus einem bestimmten Grund rekrutiert. Es wäre also nicht gut, wenn alle 13 gleich aussehen würden, und noch schlimmer wäre es, wenn sie sich zu unähnlich wären. Man muss ein Gleichgewicht finden. Wenn die Gruppe auftritt, sind sie die sieben Samurai. Und durch ihr Verhalten zeigen sie, dass der eine erwählt wurde, weil er gut Nachtwache hält, der andere, weil er ein guter Anführer ist, der eine ist loyal und zwei andere streiten sich zwar immer, würden aber füreinander sterben – das alles muss rüberkommen. Es ist eine Herausforderung.«

Gegenüber DigitalActing.com gab er zu, dass er sehr lange gebraucht hat, den *Hobbit* zu designen: »Es hat fast ein Jahr gedauert, was für mich sehr, sehr lang ist, denn normalerweise brauche ich ungefähr ein Drittel der Zeit, um zum Beispiel einen Film wie *Hellboy* zu designen. Und man muss auch bedenken, dass wir drei- oder viermal so viele Künstler haben. Wir produzierten Hunderte, buchstäblich Hunderte Zeichnungen, Dutzende Maquetten und machten Dutzende Materialtests. Es ist episch. Und wir werden auch während der Produktion noch weiter designen.«

In den *Herr der Ringe*-Filmen haben die Trolle, Adler und anderen Tiere nicht gesprochen, aber in *Der kleine Hobbit* lässt Tolkien sie und den Drachen Smaug reden. Deshalb wollten die Fans wissen, ob sie in den Filmen auch sprechen würden. Auf die Frage, wie sich die Darstellung dieser Wesen in *Der Hobbit* verändert haben würde, antwortete Guillermo in einem Chat mit Fans: »Ich denke, es sollte genauso gemacht werden, wie es im Buch beschrieben wird – das Motiv des ›sprechenden Ungeheuers‹ muss bereits existieren, damit die großartige Figur Smaug auftreten kann. Es wäre ziemlich holprig, wenn in einem linearen Film plötzlich aus dem Nichts ein sprechender Drache auftaucht.«

Er fügte hinzu: »Einer der größten Fehler bei sprechenden Drachen ist es, das Maul affenartig zu formen, um eine fragwürdige Lippensynchronität herzustellen – ein Punkt, der mir unverständlich ist, besonders in *Eragon – Das Vermächtnis der Drachenreiter*, wo die Verbindung doch übersinnlicher Art ist. Für mich ist Smaug ein perfektes Beispiel für eine großartige Kreatur, die durch ihr Aussehen und ihr Design bestimmt wird, aber auch – und das ist sehr wichtig – durch ihre Bewegungen und ihre Umgebung: wie sie geschuppt ist, sich bewegt und ausgeleuchtet ist, eingeschränkt oder gestärkt durch die Umgebung, das Wetter, die Lichtverhältnisse, die Jahreszeit etc. Das ist alles, was ich sagen kann, ohne zu viel zu verraten.«

Schon gewusst?
Guillermos Lieblingsdrachen aus Filmen sind Seraphon aus *Der Drachentöter* und Malefiz, die Hexe, die sich in einen Drachen verwandelt, aus dem Disneyklassiker *Dornröschen*.

DORI
Name: Dori
Volk: Zwerge, Durins Volk
Gespielt von: Mark Hadlow
Beschreibung: Der Zwerg Dori trägt eine purpurrote Kapuze und ist der älteste von drei Brüdern. Nori ist der mittlere Bruder und Ori der jüngste. Dori passt auf Ori auf, und obwohl er sich auch hin und wieder mit seinen Brüdern streitet, würde er für sie sterben. Er ist der stärkste Zwerg auf der Abenteuerreise mit Bilbo und spielt gern Flöte.

Der neuseeländische Schauspieler und Comedian Mark Hadlow, der Dori spielt, stand schon zu Schulzeiten gern auf der Bühne, zog es aber nie ernsthaft in Betracht, Schauspieler zu werden, weil er nicht glaubte, dass man damit genug Geld verdienen könnte. Mark trat für drei Jahre der Navy bei und spielte dort Horn in einer Band, entschied sich aber dann, der Schauspielerei doch eine Chance zu geben. Er wollte im Mittelpunkt der Aufmerksamkeit stehen und brachte die Menschen gern zum Lachen – was mit einem Musikinstrument nicht funktionierte!

Mark ist besonders für seine Rolle als Harry in *King Kong* (2005) und als ein anderer Harry in der neuseeländischen Sitcom *Willy Nilly* bekannt geworden. In der Serie spielte er einen von zwei Brüdern, die behütet auf einer Farm lebten und sich um ihre Mutter kümmerten, bis diese starb. Mark spielt nicht nur in Filmen und Serien mit, sondern er liebt auch das Theater. Viele Male war er als Regisseur und Produzent am Court Theatre in Christchurch tätig.

Zu Beginn der Dreharbeiten zu *Der Hobbit* hatte Mark Schwierigkeiten, sich die Namen der Zwerge zu merken, aber letzten Endes lernte er sie alle und auch die Namen der Schauspieler, die sie spielen. Die anderen Darsteller finden es witzig, dass Mark bei Interviews gern Marineuniformen trägt. James Nesbitt, der Bofur verkörpert, ist der Witzbold unter den Schauspielern, in einem Produktionsvideo sprach er über die anderen Zwerge: »Manche von ihnen sehen ziemlich schlimm aus, bevor sie ihre Prothesen bekommen. Einige sehen mit den Prothesen tatsächlich besser aus, um die Wahrheit zu sagen. Und das will was heißen. Mark Hadlow fällt mir da zum Beispiel ein.«

Mark und seine Schauspielkollegen nahmen ein urkomisches Video für einen Spendenmarathon auf, der drei Monate nach dem Erdbeben in Christchurch stattfand und bei dem Geld für den Wiederaufbau der Stadt gesammelt wurde. In dem exklusiven Backstage-Video waren Mark und seine Kollegen als Gartenzwerge verkleidet. Sie trugen bunte Zipfelmützen und weiße Bärte und hatten rosige Wangen. Sie scherzten, dass sie drei Stunden in der Maske gebraucht hätten und dass die Glöckchen an ihren Mützen in 3D fantastisch aussehen würden. Richard Armitage hatte sich hingekniet und sich Schuhe unter die Knie geschoben, andere, die im Film Fatsuits tragen, hatten sich Kissen unter die Kleidung gestopft. Es war unglaublich witzig und half, die Menschen dazu zu animieren, Geld für Christchurch zu geben. In dem zwölfstündigen Spendenmarathon kam eine Million Dollar zusammen.

DREHARBEITEN

Die Filme wurden in drei Blöcken gedreht, sodass die Schauspieler und die Crew sich zwischendurch erholen und auf den nächsten Abschnitt vorbereiten konnten. Der erste Block entstand auf der K-Stage in den Stone Street Studios in Wellington, der zweite in der Natur Neuseelands und der dritte wieder im Studio.

Obwohl die Dreharbeiten sehr lang dauerten, verging die Zeit für die Schauspieler und die Crew schnell. Richard Armitage (Thorin) erzählte MTV im Januar 2012: »Es ist seltsam – als wir angefangen haben, lag dieser riesige Berg vor uns, den wir besteigen mussten, aber eigentlich vergeht die Zeit sehr schnell. Ich denke, wir sind jetzt bei der Hälfte angelangt. Es war sehr intensiv, aber auch total aufregend. Wir haben gerade Außenaufnahmen beendet und fast ganz Neuseeland gesehen. Es ist bei Weitem das beste Projekt, an dem ich in meinem Leben gearbeitet habe!«

Das Produktionsvideo Nummer sieben wurde in den Stone Street Studios, einer ehemaligen Farbenfabrik, gedreht. Peter erklärte: »Wir sind kurz vor den Dreharbeiten zu *Der Herr der Ringe* an dieses Gelände gekommen. Wir haben ein Studio (Stage A) für *Der Herr der Ringe* gebaut und ein weiteres für *King Kong* (Stage K). Und für *Der Hobbit* haben wir noch ein paar gebaut (Stage G und Stage F). Es ist eigentlich ein toller Ort, um Filme zu drehen.«

Schon gewusst?
Die K-Stage wurde so genannt, obwohl man noch nicht bei diesem Buchstaben angekommen war – »K« steht für *King Kong*!

Am ersten Drehtag wurden die Schauspieler und Crewmitglieder mit einer Powhiri-Begrüßungszeremonie willkommen geheißen. Danach führten die Neuseeländer einen Haka – einen traditionellen Ritualtanz – auf, bevor Richard Armitage die Besetzung vorstellte und auf Maori sagte: »Für die, die in den Schleier der Dunkelheit gegangen sind: gute Reise, gute Reise, gute Reise.« Dann fuhr er auf Englisch fort: »Ich heiße Richard und bin aus London, England. [Alle applaudierten.] Ich möchte mich im Namen aller hier für diese Zeremonie, diese Feier, die Segnung des Studios und für das warme Willkommen bedanken, das ihr uns bereitet habt. Wir fühlen uns alle wirklich geehrt, hier zu sein. Und allen, die so lang auf diesen Tag gewartet haben, darauf, diese außergewöhnliche Reise anzutreten und *Der Hobbit* zu drehen, möchte ich viel Glück, Gesundheit und Harmonie wünschen.«

Danach wollte auch Martin Freeman etwas sagen: »Mein Name ist Martin Freeman und ich spiele auch in dem Film mit. Er hat eben schon alles gesagt, was ich auf Maori sagen wollte. Wir mussten lang auf diesen Augenblick warten, sogar länger, als wir gedacht haben. Ich danke allen sehr.«

In der ersten Drehpause – zwischen dem ersten und dem zweiten Block – machte Peter Hambleton (Glóin) zusammen mit seiner Frau Urlaub auf der Südinsel Neuseelands, während William Kircher (Bifur) sein Haus renovierte. Ian McKellen flog nach London, um dort Don Antonio in Eduardo De Filippos Theaterstück *The Syndicate* zu spielen. James Nesbitt reiste nach Pebble Beach in Kalifornien zum Golfspielen und dann nach Irland, um seine Familie zu besuchen. Jed Brophy scherzte, dass er sich sonnen würde, um die Make-up-Artists zu ärgern. Richard Armitage plante nur einen vierwöchigen Urlaub. Und die Crew wollte einfach nur ausschlafen. Mark Hadlow (Dori) fuhr mit seiner Frau nach Australien, um seine älteste Tochter zu besuchen, und wollte danach viel Golf spielen und schwimmen. Conan Stevens (Azog) freute sich darauf, nach Hause nach Thailand zu fahren und seine Kumpel wiederzusehen. Sylvester McCoy

(Radagast) fuhr nach Barcelona, um *Doctor Who*-Fans aus Spanien zu treffen, denn er hatte von 1987 bis 1989 den siebten Doktor der Serie gespielt und war 1993 in einem Charity-Special und 1996 in einem Fernsehfilm in dieser Rolle aufgetreten. Andy Serkis wollte seine Familie besuchen und vielleicht verreisen. Peter Jackson hatte keinen Urlaub, weil er sich Locations ansah und Zeit im Schneideraum verbrachte. Er sprach mit den Designern über die Vorbereitung zum zweiten Block, beschäftigte sich mit den Sets, bereitete alles für Block zwei vor und schnitt auch schon das im ersten Block gedrehte Material. Er hatte also nicht viel Freizeit.

Schon gewusst?

Peter Jackson räumt ein, dass er bei *Der Herr der Ringe* gern 3D-Technologie verwendet hätte, wenn es diese damals gegeben hätte. Er hat allerdings Fotos von den Schauspielern mit einer 3D-Kamera gemacht, für den Fall, dass man das Material in der Zukunft einsetzen wolle. Er hofft, dass die Fotos vielleicht einmal auf einer Blu-ray Verwendung finden werden.

Bei den Dreharbeiten zu *Der Hobbit* konnte die Crew die Szenen in 3D sehen, während sie gefilmt wurden, was ziemlich aufregend war. Peter erklärte News.com seine Arbeitsweise: »Ich versuche immer, darüber nachzudenken, wie ich Sachen besser machen kann. Ich komme frühmorgens ans Set und denke: Okay, das brauchen wir, bauen wir es auf. Sehen wir uns den Kamerawinkel an, lasst uns proben. Wie kann ich das Ganze jetzt verbessern? Für mich ist nie irgendetwas perfekt. Alles, was man tut oder sich vorstellt, kann immer noch besser gemacht werden. Wenn ein Schauspieler einen Take spielt, der eigentlich gut aussieht, frage ich mich, bevor ich zur nächsten Einstellung

Dreharbeiten

gehe: Gibt es etwas, das wir verändern könnten, um es noch zu verbessern? Ob man nun die Kamera bewegt oder der Schauspieler einen Hinweis von mir bekommt oder das Licht verändert wird – irgendetwas. Ich versuche, diesen Prozess aufrechtzuerhalten. Ich sage mir immer: Gib dich nie zufrieden, treib dich immer an. So wird ein Tag interessant. Und anstrengend. Aber das hält mich auf Zack.«

Bei den Dreharbeiten wurden 48 Red-Epic-Kameras auf 17 3D-Rigs verwendet. Peter gab den Kameras Namen und erwähnte diese in einem Produktionsvideo: Walter (nach seinem Großvater), Ronald (wie Peters Onkel), Emily (wie Frans Großmutter), Perkins (wie Frans Hund), Bill (wie Peters Dad), Fergus (wie ihr Mops), Tricky Woo (wie ihr Pekinese), Stan (wie ein anderer Mops) und es gab noch viel mehr. In einem Interview mit Collider.com verriet Orlando Bloom (Legolas), wie es ist, mit Red-Epic-Kameras zu drehen und Mitwirkender in einem 3D-Film zu sein: »*Die drei Musketiere* [ein Film, in dem er mitgespielt hat] wurde in 3D gedreht, genauso wie *Der Hobbit*. Wie Sie gesagt haben: mit Red Epics. Diese Red Epics sind kleine Kameras. Sie benutzen Steadicams, sie filmen über die Schultern, sie machen alles mit diesen Kameras, und zwar in 3D, was ich ziemlich phänomenal finde. Meiner Erfahrung nach ist es das Gleiche – es scheint zur Norm zu werden. Das ist in vielerlei Hinsicht verrückt, aber ich schätze, die Entwicklung geht immer weiter. Die Kameras werden sicher immer leichter und kleiner werden, so wie die Red Epics. Beim *Hobbit* machen sie erstaunliche Dinge mit diesen Kameras, die ich mir bisher nicht hätte vorstellen können. *Die drei Musketiere* wurden mit James Camerons Kameras gedreht – Arri Alexa. Dabei brauchte man ein wenig mehr Vorbereitungszeit und so, aber nicht viel mehr, würde ich sagen. Die Drehs dauern genauso lang und für einen Schauspieler ist es nicht anders geworden. Man bezieht sich noch genauso auf andere Schauspieler. Als Zuschauer bekommt man allerdings Qualität geboten, wenn ein Film in 3D gedreht ist.«

Am Dienstag, dem 12. April 2011, schrieb Peter Jackson Folgendes auf seine Facebook-Seite: »Ich dachte, ich spreche mal die Neuigkeiten an, die über uns verbreitet werden: dass *Der Hobbit* mit einer Bildfrequenz von 48 Bildern pro Sekunde gedreht wird. Ich möchte gern erklären, welche Gedanken ich dazu habe. Es sieht naturgetreuer aus und ist leichter anzusehen, besonders in 3D. Wir haben uns jetzt einige Monate lang Test- und Rohmaterial von *Der Hobbit* mit 48 Bildern pro Sekunde angesehen. Oft schauen wir uns Material mit einer Länge von zwei Stunden an und unsere Augen sind von den 3D-Effekten nicht überanstrengt. Es sieht toll aus und wir sind jetzt so sehr daran gewöhnt, dass andere Filme ein bisschen primitiv auf uns wirken.«

DREHBUCHAUTOREN

Die Drehbücher zu den *Hobbit*-Filmen wurden von Peter Jackson, Philippa Boyens, Fran Walsh und Guillermo del Toro verfasst. Peter, Philippa und Fran hatten bereits die Skripte zu den *Herr der Ringe*-Filmen gemeinsam geschrieben und auch die Drehbücher zu *King Kong* und *In meinem Himmel*. Peter und Fran sind verheiratet und Fran ist Koautorin aller Drehbücher ihres Mannes – mit Ausnahme seines ersten Films, *Bad Taste* (1987). Fran hat für sechs Folgen der Serie *Worzel Gummidge Down Under* das Drehbuch geschrieben, bevor sie für *Meet the Feebles* (1989) zum ersten Mal mit Peter zusammenarbeitete.

Schon gewusst?
Philippa Boyens war Dramatikerin, bevor sie am ersten *Herr der Ringe*-Drehbuch mitschrieb.

Im Februar 2010 berichtete Peter Jackson dem Journalisten Rob Carnevale: »Mein Lieblingsarbeitsschritt beim Filmemachen ist die Erstellung des Drehbuchs – dabei ist der Druck noch nicht so groß, es ist der kreativste Teil, man hat die größte Freiheit und es macht am meisten Spaß.«

Das Team fing im August 2008 an zu schreiben. Peter, Fran und Philippa arbeiteten in Neuseeland, aber Guillermo lebte in Los Angeles, weshalb sie Videokonferenzen abhielten. Alle drei Wochen sahen sie sich von Angesicht zu Angesicht, dann kam Guillermo extra nach Neuseeland geflogen – er nahm jedes Mal einen 13-Stunden-Flug in Kauf. Jackson fasste in einem Weta-Chat zusammen, wie man als Team ein Skript schreibt: »Ein Drehbuch mit einer Gruppe von Kollegen zu schreiben ist wie die Zusammenarbeit zwischen Lennon und McCartney. Manchmal tragen ein oder zwei Leute mehr zu einem Teil bei als andere und umgekehrt. Es gleicht sich alles aus und wir teilen uns die Anerkennung für alles, was der Einzelne beigetragen hat. Wenn man zu viert ist, kann man die Arbeit auf interessante Weise aufteilen und jeder kann helfen, die Filme entstehen zu lassen.«

Del Toro teilte sich seine Tage so ein, dass er vormittags schrieb und nachmittags Tolkien-Recherchen betrieb. Er hatte das Gefühl, dass es unerlässlich war, zu verstehen, was Tolkien mit dem *Hobbit* sagen wollte. Er glaubte, dass der Autor vor allem seine Erfahrungen aus dem Ersten Weltkrieg in dem Buch verarbeitet hat. Guillermo las viele Bücher, sah sich einige Dokumentationen an und zog Peter Jackson zu Rat, der Dinge aus dem Ersten Weltkrieg sammelt. Daniel Zalewski vom *New Yorker* sagte er: »Peter Jackson ist großer Fan dieser historischen Ära, er sammelt

Erinnerungsstücke aus dem Ersten Weltkrieg. Er besitzt einige echte Nachbildungen von Flugzeugen, Panzern, Kanonen und Schiffen in Originalgröße, außerdem perfekte Nachbildungen von Uniformen aus dieser Zeit für Armeen aus jeweils 120 Soldaten. Ich habe ihn gefragt, welche Bücher er mir empfehlen würde, da ich mir nicht *Krull* oder *Der dunkle Kristall* ansehen wollte. Ich muss meinen eigenen Zugang zu der Geschichte finden. So habe ich es auch bei *Pans Labyrinth* oder *Das Rückgrat des Teufels* gemacht. Ich habe mir Sachen angesehen, an die man nicht denken würde.«

Nachdem man bereits vier Monate an den Drehbüchern gearbeitet hatte, erzählte Guillermo Comingsoon.net: »Was man beim Schreiben der beiden Filme, der beiden Geschichten herausfindet, ändert sich jede Woche. Jede Woche gibt es eine neue Entdeckung. Und dem, was wir in der einen Woche sagen, widersprechen wir in der nächsten. Beim Casting war das auf jeden Fall so. Warum sollte man Hoffnungen oder Erwartungen wecken, wenn man dann irgendwann doch sagt: ›Wisst ihr was? Das war keine gute Idee.‹«

Im Januar 2009 verbrachten Guillermo und die anderen Autoren zwölf Stunden am Tag mit der Fertigstellung der Drehbücher. Dann traf sich Guillermo mit Weta Workshop und Weta Digital, um das Design verschiedener Dinge zu besprechen. Das Studio segnete die Treatments und Handlungsstränge im März 2009 ab und das Autorenteam musste danach die fertigen Drehbücher entwickeln – keine leichte Aufgabe. Zu diesem Zeitpunkt plante Guillermo noch, alle Szenen selbst zu drehen, aber Peter hielt dies für unrealistisch und bot sich als Second Unit Director an. Bei einem Chat mit Fans erklärte Jackson: »Die meisten Regisseure wollen lieber alles selbst drehen. Ich dachte auch, dass ich das bei *Der Herr der Ringe* könnte, fand aber schnell heraus, dass die Größe des Projektes es mir nicht erlaubte. Statt der 15 Monate hätten wir sonst drei Jahre gebraucht. Guillermo dreht sein Material immer selbst, also werden wir unser Bestes tun, um einen Zeitplan zu entwerfen, der ihm erlaubt, dies zu tun. Es wird darauf ankommen, wie sich die Drehbücher in Stücke zerlegen lassen. Ich würde gern ein paar Dinge mit dem zweiten Stab drehen, falls Guillermo mich darum bittet. Aber warten wir ab, was passiert.«

Im Juli 2009 verriet Peter bei der ComicCon: »In drei oder vier Wochen werden wir Warner Brothers den ersten Entwurf des ersten *Hobbit*-Skripts vorlegen. Die Leute denken, dass wir schon grünes Licht bekommen haben und den Film bereits machen, aber dem ist nicht so. Wir müssen das Skript abliefern, das Studio muss das Drehbuch akzeptieren und dann müssen wir die Ausgaben planen, denn bisher haben wir noch kein Budget. Sie werden den Film nicht mit einem nach oben offenem Budget genehmigen. Wir müssen herausfinden, wie viel es kosten wird und ob das okay ist. So ist der Ablauf.«

Damals war noch Guillermo del Toro der Regisseur der Filme, er sprach mit *Rotten Tomatoes* über die Erwartungen, die wegen *Der Hobbit* auf ihm lasteten: »Ich fühle mich in technischer und kreativer Hinsicht wohl damit. Die Drehbücher schreibe ich zusammen mit Leuten, die ich bewundere – Philippa, Fran und Peter. Wenn man sich die *Herr der Ringe*-Filme ansieht, was ich in letzter Zeit sehr oft getan habe, erkennt man die menschlichen und emotionalen Qualitäten der Drehbücher, die meiner Meinung nach hervorragend sind.«

Peter und Philippa haben über die Jahre viele Interviews gegeben, aber Fran hält sich eher im Hintergrund. Auf die Frage von Nina Rehfeld von *Green Cine*, warum sie nie Interviews gibt, antwortete Peter: »Das ist ihre eigene Entscheidung. Sie ist meine Partnerin, und wenn wir versuchen, mit unseren Kindern ins Kino zu gehen, sieht sie, welche Schwierigkeiten ich habe. Ich werde immerzu angesprochen. Die Leute wollen mit mir reden und bitten um Autogramme. Das ist zwar nett, aber Fran hat beschlossen, dass sie nicht in der Öffentlichkeit stehen möchte.«

Als das Autorenteam mit dem Drehbuch zufrieden war, bedeutete das aber noch nicht das Ende – die Schauspieler sollten bei der ersten Probe ihre Meinung dazu äußern. Die Autoren wollten wissen, ob sie etwas ergänzen sollten, um es noch besser zu machen. Ian McKellen berichtete in seinem Blog von diesem Tag: »Ich war in der alten Farbenfabrik, die ich von vor zehn Jahren als Hauptstudio für *Der Herr der Ringe* kannte. Darin war das neue Set für Beutelsend aufgebaut, mit einem Schlafzimmer und einer Speisekammer. Dort saß ich in einem Halbkreis mit den Zwergen und Bilbo, ihrem widerwilligen Gastgeber. Ich war bei der ersten gemeinsamen Probe dabei, bei der Peter Jackson, Fran Walsh und Philippa Boyens uns baten, unsere Kommentare zum Skript abzugeben. Das ist ein großes Glück für einen Schauspieler – drei oscarprämierten Drehbuchautoren gegenüberzusitzen, die wirklich die Meinung von uns Schauspielern hören wollen. Außerdem gab es Berge von Snacks: frisches Obst, neuseeländischen Käse. Zwei der Schauspieler haben während der Fastenzeit den Süßigkeiten abgeschworen. Ich nicht, noch nicht. Zu Mittag habe ich ein zweites Stück vom Schokoladenkuchen genommen.«

Am 21. April 2011 postete Peter Jackson bei Facebook, wie das Schreiben eines Drehbuchs abläuft. Er erklärte, dass es drei Phasen bei der Entstehung eines Skripts gibt: Die erste Phase läuft vor Beginn der Dreharbeiten, die zweite Phase tritt ein, wenn die Schauspieler ihre Gedanken äußern und die Dreharbeiten beginnen, die dritte Phase beginnt, wenn die Postproduktion losgeht. Phase zwei ist ihm die liebste. »Manchmal bekommen die Schauspieler die überarbeitete Version ein bisschen spät«, schrieb er. »Wir witzeln immer mit Ian McKellen herum, dass wir die Seiten des Drehbuchs für den nächsten Tag irgendwann in der

Nacht unter seiner Tür hindurchschieben werden. Und manchmal war das wirklich so.«

DREITEILER

Ganz zu Anfang wollte man nur einen Film drehen, aber schon früh fällte man die Entscheidung, zwei *Hobbit*-Filme zu produzieren, statt alles in einen zu quetschen. Im zweiten Film sollten Dinge gezeigt werden, die nicht im Buch vorkommen. 2008 erzählte Jackson den Fans: »Ich freue mich darauf, den zweiten Film zu entwickeln. Er gibt uns eine Freiheit, die wir auf unserer Tolkien-Reise bisher nicht hatten. Einige von euch sagen vielleicht, dass es eine gute Sache ist. *Der Hobbit* ist interessant, weil darin das Gefühl vermittelt wird, dass sich gefährliche Ereignisse entfalten, die Gandalf beschäftigen.«

Im Juli 2012 verkündete Peter Jackson, dass es noch einen dritten *Hobbit*-Film geben wird und somit wieder eine Trilogie im Entstehen ist. So sollen die Geschichten von *Der Hobbit* und *Der Herr der Ringe* verbunden werden.

Es war den Regisseuren Guillermo del Toro und Peter Jackson wichtig, dass es einen Zusammenhang zwischen *Der Herr der Ringe* und *Der Hobbit* gibt, aber gleichzeitig sollte *Der Hobbit* auch ein eigenständiger Film sein. Das drückten sie auch in einem Chat auf der Weta-Webseite aus. Del Toro sagte: »Die Welt muss die gleiche sein. Es muss das gleiche Bildformat, die gleiche Musik sein, die wichtigsten Kostüme und Markenzeichen müssen verwendet werden, aber ich würde auch gern viele neue Dinge einbringen. *Der Hobbit* ist im Wesentlichen die Einleitung zu einer großen Symphonie. Die Hauptthemen werden wiederholt, aber neue

Dreiteiler

Tonartenwechsel und neue Farben werden vorgestellt, inhaltlich und strukturell.«

Jackson merkte an: »Ich liebe Guillermos Symphonie-Metapher. Die Einführung kann einen anderen Geschmack, eine andere Struktur haben und doch gewissenhaft die Themen vorstellen, die später verfolgt werden. Der zweite Film ist perfekt geeignet, um die Veränderung in Mittelerde zu zeigen, die uns in die dunkle Zeit von *Der Herr der Ringe* treibt. Wenn *Der Herr der Ringe* der Erste Weltkrieg ist, dann ist *Der Hobbit* eine edwardianische Abenteuergeschichte, die in der Zeit spielt, bevor die Welt erkennt, dass sich ein Sturm zusammenbraut.«

Bevor Guillermo del Toro das Projekt verließ, sagte er auf *Rotten Tomatoes* in einem Interview: »Als Tolkien das Buch geschrieben hat, wollte er kein Prequel erschaffen. Wenn es also Lücken in der Logik oder in der Darstellung der Macht des Rings zwischen dem ersten Film und der Trilogie gibt, dann werden es die gleichen Lücken sein, die es auch in Tolkiens Büchern gibt.«

Der erste Film – *Der Hobbit – Eine unerwartete Reise* – kam in Großbritannien, den USA und Neuseeland am 14. Dezember 2012 in die Kinos. Die Fans in China, Deutschland, Griechenland, Ungarn, Israel, den Niederlanden, Portugal, Russland und Singapur hatten das Glück, ihn schon einen Tag zuvor, am 13. Dezember sehen zu können. Und die Fans in Belgien, Dänemark, Finnland, Frankreich, Norwegen und Schweden konnten sogar schon am 12. Dezember ins Kino gehen.

Im Juni 2012 verkündete Peter Jackson, dass die Weltpremiere des Films am 28. November im Embassy Theatre in Wellington stattfinden würde. Er erzählte gegenüber *Variety*: »Uns fällt keine bessere Möglichkeit ein, den *Hobbit* in die Welt zu entlassen, als hier in Wellington, wo die Reise begann, eine große Party zu feiern.«

DROGO BEUTLIN
Name: Drogo Beutlin
Volk: Hobbits
Beschreibung: Drogo ist Frodos Vater. Er ertrank zusammen mit seiner Frau Primula bei einem Bootsunfall, was Frodo zu einem Waisen machte.

Ursprünglich sollte Ryan Gage Drogo spielen, aber dann erhielt er mit Alfrid eine größere Rolle. Der Regisseur Peter Jackson verriet den Namen des neuen Schauspielers, der Drogo spielen sollte, nicht.

DWALIN
Name: Dwalin
Volk: Zwerge, Durins Volk
Gespielt von: Graham McTavish
Beschreibung: Dwalin ist der Bruder von Balin. Er ist ein toller Kämpfer, hat einen blauen Bart und trägt einen goldenen Gürtel und eine dunkelgrüne Kapuze.

Dwalin wird von Graham McTavish gespielt, einem britischen Schauspieler, der vor allem für seine Rolle als Commander Lewis in dem Film *John Rambo* (2008) bekannt ist.

In den letzten Jahren ist er in verschiedenen erstklassigen britischen Serien aufgetreten, unter anderem in *Red Dwarf*, *The Bill*, *Taggart* und *Casualty*. In den USA spielte er Desmonds Drillsergeant in *Lost*, Ferguson in *Prison Break* und Mikhail Novakovich in *24*.

Schon gewusst?
Graham McTavish lieh dem Thundercracker in dem Videospiel *Transformers: War for Cybertron* seine Stimme.

Graham hatte *Der Hobbit* nicht gelesen, bevor er von den Filmen
hörte, aber mit 18 die *Herr der Ringe*-Bücher. Als er mit seinen
Freunden und Bekannten über die Bücher sprach, sagten die
meisten, dass ihnen *Der Hobbit* noch besser gefallen hätte, und für
viele war es das erste Buch, das sie als Teenager gelesen hatten. Er
hofft, dass es den Fans nichts ausmacht, dass die Schauspieler und
der Regisseur Peter Jackson ein paar Dinge geändert haben, als
sie die Figuren aus dem Buch zum Leben erweckten.

Bei seinem ersten Vorsprechen musste Graham Thorins Rolle
lesen. Später fand er heraus, dass viele seiner Co-Stars dieselben
Stellen spielen mussten. Das erste Vorsprechen verlief gut und der
Castingchef bat ihn, noch einmal wiederzukommen. Bei seinem
zweiten Vorsprechen spielte er dann Dwalin und ein fantastischer
Sprecher las die Texte der anderen Figuren in der Szene. Graham
glaubt, dass er diesem Sprecher viel verdankt, weil er sich ganz auf
seine Rolle konzentriern konnte, da dieser so gut las. Nachdem er
die Szene einmal durchgespielt hatte, wollte der Castingchef ihn
gehen lassen, aber Graham meinte, dass er es noch ein bisschen
besser machen könnte und überredete den Castingchef, es noch
einmal versuchen zu dürfen. Danach musste Graham sich viele
Wochen gedulden, bevor klar war, ob er gut genug gewesen war.
Letztendlich sollte er noch einmal kommen und vor Philippa
Boyens und Fran Walsh, die zusammen mit Peter Jackson das
Drehbuch geschrieben hatten, vorsprechen.

Graham war bei diesem erneuten Vorsprechen aufgeregt und
nervös, denn er wusste, dass er kurz davor war, die Rolle an Land
zu ziehen. Peter Jackson wollte eigentlich auch dabei sein, aber
er fühlte sich wegen eines Magengeschwürs nicht wohl und hielt

sich in einem angrenzenden Raum auf. Graham unterhielt sich mit Philippa und Fran über die Rolle und spielte ein paar Szenen mit demselben Sprecher wie zuvor. Nachdem die Drehbuchautoren den Raum verlassen hatten, sprach Graham mit dem Sprecher, der meinte, dass Graham die Rolle sicher bekommen würde. Er sollte recht behalten!

Als Graham erfahren hatte, dass er Dwalin spielen würde, erzählte er seiner Frau Gwen davon, die begeistert war, da sie (wie Billy Connollys Frau Pamela Stephenson) aus Neuseeland stammt und praktisch nach Hause käme. Er nahm sich einen Personal Trainer, um sich in Form zu bringen. Damit er sich bei den Dreharbeiten nicht verletzte, musste er sich körperlich auf die Kampfszenen vorbereiten. Er hatte dafür fünf Monate, während dieser Zeit ging er ins Fitnessstudio und stellte seine Ernährung um.

Schon gewusst?
Grahams Lieblingsfigur aus *Der Herr der Ringe* ist Aragorn/ Streicher.

Graham und Gwen lieben Partys. Kurz bevor die Dreharbeiten begannen, schmissen sie eine Einweihungsfeier in ihrem Haus in Wellington. Das war eine großartige Möglichkeit für alle, sich persönlich kennenzulernen. Die Drehbuchautorin Philippa Boyens hatte die gleiche Idee und so gab es zwei Partys an zwei Abenden. Die Schauspieler, die die Zwerge spielen, und ihre Familien hatten viel Spaß, aber es fiel ihnen schwer, sich auf Anhieb alle Namen zu merken. Ian McKellen (Gandalf) schummelte ein bisschen: Sein Agent hatte ihm ein Buch mit Fotos von allen samt Namen und mit den Namen der Figuren, die sie spielen, geschickt. Außerdem hatte er selbst recherchiert und alle Schauspieler gegoogelt.

ELROND

Name: Elrond
Auch bekannt als: Herr von Bruchtal, Lord Elrond, Master Elrond
Volk: Halbelben
Gespielt von: Hugo Weaving
Beschreibung: Elrond ist ein Elbenfreund mit grauen Augen und dunklen Haaren. Er ist weise und ein großer Krieger. Sein Haus ist der perfekte Zufluchtsort für jeden, der dort hinkommt.

Elrond wird in *Der Herr der Ringe* und *Der Hobbit* von Hugo Weaving gespielt. Der in Austin in Nigeria geborene Schauspieler verbrachte seine Kindheit in Nigeria, Australien und Großbritannien. Drei Jahre lang besuchte er die Queen Elizabeth's Hospital School in Bristol, danach zog er dauerhaft nach Australien. In Sydney ging Hugo auf die Knox Grammar School, bevor er am National Institute of Dramatic Art studierte.

Schon gewusst?
Geoffrey Rush, Mel Gibson und Cate Blanchett besuchten ebenfalls das National Institute of Dramatic Art.

Nach seinem Abschluss trat Hugo besonders gern am Theater auf, aber er machte auch im Film und Fernsehen erfolgreich Karriere. 1991 erhielt er einen Australian Film Institute Award für seine Darbietung als Martin in *Proof – Der Beweis* und 1998 gewann er einen weiteren für seine Rolle als Eddie Rodney Fleming in *Das Interview*. Außerdem hat er noch 13 weitere erstklassige Awards erhalten.

Man kennt Hugo vor allem als Elrond, Red Skull in *Captain America – The First Avenger* und Agent Smith in *Matrix*. Außerdem ist er die Stimme von Megatron in den *Transformer*-Filmen. In einem Interview mit dem *Daily Telegraph* im Jahr 2000 sagte

er: »*Herr der Ringe* kann man nicht mit *Matrix* vergleichen. Es
ist gigantisch. *Matrix* war zwar auch gigantisch, aber irgendwie
überschaubar. Ich denke, es ist verrückt, drei Filme gleichzeitig
zu drehen. Ich glaube, das wissen sie jetzt, aber zurück können sie
nicht mehr. Aber sie machen einen fantastischen Job.«

Bevor er offiziell für *Der Hobbit* engagiert wurde, sprach er
2010 mit Drew McWeeny von *HitFix* darüber. Er sagte: »Ich wäre
daran interessiert. Ich würde unheimlich gern mit Guillermo
del Toro zusammenarbeiten. Ich halte ihn für sehr talentiert, für
einen tollen Regisseur.«

Auf die Frage, ob ihm die *Hobbit*-Filme neue Herausforderungen bringen würden, da er mit der Rolle ja schon so vertraut war, erwiderte er: »Absolut, ich würde mich dieser Rolle
gern noch einmal annehmen, denn der Ton in diesem Buch
ist anders als in *Der Herr der Ringe*. Ich denke, die Geschichte
ist ein bisschen unschuldiger und die Welt ist ein klein wenig
anders. Physisch ist es zwar dieselbe Welt, aber der Autor war
in einem anderen Alter, als er das Buch geschrieben hat. Er
war in einer anderen Stimmung. Man kann also einige derselben Schauspieler engagieren und das gleiche Team, aber man
sollte vielleicht einen anderen Ansatz wählen. Das wäre ziemlich
interessant.«

Schon gewusst?
Hugo Weaving ist der Onkel von Samara Weaving, die
Indigo Walker in der australischen Soap Opera *Home and
Away* spielt.

Im Mai 2011 bestätigte Ian McKellen in seinem Blog, dass Hugo
engagiert worden war. Er erklärte, dass man gerade die Szenen
drehte, in denen Bilbo nicht dabei war, und dass Hugo wieder
in die Rolle des Elrond schlüpfen würde. Er erwähnte auch, dass

Hugo kürzlich an der Seite von Cate Blanchett (Galadriel) in Tschechows *Onkel Wanja* mitgespielt hat.

Filmfakt:

Am Tag 38 der Dreharbeiten wurden die Szenen in Bruchtal gedreht. Richard Armitage (Thorin) gefiel es so gut, Elrond (Hugo) kennenzulernen, dass er backstage in die Kamera sagte: »Wenn man an seinem Tisch isst, denkt man wirklich, dass man Mittelerde betreten hat.«

FANS

Eric Vespe ist Filmkritiker und ein großer Fan von *Der Hobbit*. Während er für AintItCool.com von den Dreharbeiten berichtete und hinter die Kulissen schauen durfte, wurde er dazu eingeladen, einen Statisten in Hobbingen zu spielen, was ihm großen Spaß machte. An der Marktszene waren sechzig erwachsene Hobbits und zehn Hobbit-Kinder beteiligt und Eric sollte Bilbo einen Fisch verkaufen. Peter Jackson hatte ihn angesprochen und gefragt: »Wie stehst du zu Fisch?« Eric sagte ihm, dass er Lust darauf hätte, und so erhielt er die Rolle des Fischhändlers. Der Statist, der ursprünglich für diese Aufgabe vorgesehen war, wurde an einen anderen Teil des Marktes versetzt und Eric erhielt die Instruktion, an einem Stand mit falschen Aalen und anderen Fischen zu stehen.

Bei den Proben wurde Eric von Martin Freeman gefragt, wie sein Hobbit-Name lautete, aber das wusste er nicht. Peter erklärte, dass es eine Webseite gibt, auf der man seinen richtigen Namen eingeben kann und dann seinen Hobbit-Namen erhält. Sein Assistent rief die Seite auf seinem iPhone auf und innerhalb weniger Sekunden fand Eric seinen Hobbit-Namen heraus: Fredegar Chubb!

Eric durfte sogar einen Satz sagen, als er Bilbo den Fisch verkaufte. Viele Fans hätten alles gegeben, um in seinen Hobbitfüßen zu stecken – er würde vielleicht in dem größten Film des Jahres 2012 zu sehen sein.

Vince Donovan aus Pennsylvania in den USA trat zwar nicht als Statist in den Filmen auf, konnte aber jeden Tag sein Stück Hobbingen besuchen. Vince las *Der Hobbit* und *Der Herr der Ringe* zum ersten Mal 1964/65 und in den Siebzigern fing er an, verschiedene Ausgaben der Bücher zu sammeln. Dann kamen Figuren, Bilder und Pfeifen hinzu. Schnell nahm die Sammlung sein ganzes Haus ein.

Fans

Vince beschloss, eine seiner Ideen mit ein paar Architekten zu besprechen: Er wollte ein Hobbit-Haus bauen. 2004 wurden die ersten Zeichnungen und Pläne angefertigt, und nachdem die Architekten Tolkiens Bücher gelesen hatten, entstanden konkrete Pläne.

Sie trugen alle Bilder zusammen, die sie von Hobbit-Höhlen finden konnten. Die größte Herausforderung war die runde Eingangstür, denn Vince wollte sie komplett rund haben. Es gab also auch keine gerade Stelle für ein Scharnier, also ließ er ein spezielles Scharnier von einem Schmied anfertigen. Als das Hobbit-Haus fertig war, schaffte Vince seine Sammlung hinein und nun kann er dort relaxen.

Wenn man immer auf dem neusten Stand sein möchte, was die Entstehung der *Hobbit*-Filme angeht, sollte man die eine oder andere Fanseite besuchen. TheOneRing.net ist die größte Tolkien-Fanseite im Internet, sie hat für die Fans sogar eine kostenlose App erstellt – man muss nur nach *The Hobbit* von Fizzit Apps bei iTunes oder Google Marketplace suchen.

Die wohl größten *Hobbit*- und *Herr der Ringe*-Fans sind die Schauspieler und Crewmitglieder selbst. Sie haben großen Spaß an den Dreharbeiten und fallen in ein Loch, wenn diese vorbei sind. Billy Boyd, der Pippin in *Der Herr der Ringe* spielte, wollte unbedingt einen Cameo-Auftritt in *Der Hobbit* haben – er wollte gern Pippins Vater sein, aber daraus wurde leider nichts.

Er erzählte dem *Daily Record*: »Nein, ich denke, das wird nichts werden, aber ich werde auf jeden Fall runterfahren – ich war seit der Premiere von *Die Rückkehr des Königs* nicht mehr dort. Die meisten anderen waren noch einmal da, aber ich habe es nicht geschafft. Ich habe mit Dom und Elijah gesprochen und wir werden dieses Jahr gemeinsam dorthin fahren. Es wird eine Art Wiedervereinigung. Wir wollen uns die Sets ansehen. Und wenn wir erst mal da sind, muss es doch etwas für uns zu tun geben. Bestimmt brauchen sie irgendwo im Hintergrund einen Hobbit. Ich kann mir meine großen Füße sogar selbst anziehen.«

FILI
Name: Fili
Volk: Zwerge, Durins Volk
Gespielt von: Dean O'Gorman
Beschreibung: Fili ist ein junger Zwerg mit einem gelben Bart, einem silbernen Gürtel und einer blauen Kapuze. Er spielt Geige und hat von den 13 Zwergen die schärfsten Augen. Fili ist der Bruder von Kili und der Neffe von Thorin.

Eigentlich sollte der ehemalige *EastEnders*-Star Robert Kazinsky Fili spielen, aber aus persönlichen Gründen sagte er im April 2011 ab. Der Regisseur Peter Jackson hinterließ auf Facebook folgende Nachricht: »Traurigerweise muss ich verkünden, dass Rob Kazinsky, der Fili spielen sollte, uns verlassen und aus persönlichen Gründen nach Hause zurückkehren muss. Die Zusammenarbeit mit Rob war wunderbar und sein Enthusiasmus sowie sein ansteckender Sinn für Humor werden uns allen fehlen. Robs Ausstieg wird die laufenden Dreharbeiten zu *Der Hobbit* allerdings nicht beeinflussen. Auch wird es keinen Einfluss auf bereits Gedrehtes haben, da große Teile von Filis Geschichte noch nicht gefilmt wurden. Momentan drehen wir Szenen mit Bilbo ohne die Zwerge. Wir haben also ein wenig Zeit, einen neuen Fili zu finden. Ich werde alle auf dem Laufenden halten.«

Rob twitterte kurz darauf in mehreren Tweets: »Danke für eure Unterstützung. Peter und die Gruppe waren das wunderbarste

Team, mit dem man zusammenarbeiten kann, sie haben mich sehr unterstützt. Es macht mich wirklich traurig, dass es nun so gekommen ist. *Der Hobbit* wird großartig werden und ich werde die Freunde, die ich hier habe, vermissen. Ich habe bisher immer versucht, jede Katastrophe als Chance zu sehen.«

Im Mai 2011 informierte Peter Jackson die Fans auf seiner Facebook-Seite, dass Dean O'Gorman Rob ersetzen würde: »Ich freue mich, zwei neue Schauspieler in unserem Team begrüßen zu dürfen. Dean O'Gorman wird Fili spielen. Dean ist ein fantastischer neuseeländischer Schauspieler und ich freue mich auf die Zusammenarbeit. Er hat vor Kurzem in einer exzellenten Fernsehserie mit dem Titel *The Almighty Johnsons* mitgespielt. Den Fans der Serie sollte ich sagen, dass unser Drehplan Dean ermöglichen wird, eine zweite Staffel zu drehen. Dean wird nächste Woche zu uns stoßen. Es war eine tolle Woche und ich freue mich auf die nächsten paar Wochen. Es wird interessant werden …«

Dean war eine gute Wahl, da er ein erfahrener Schauspieler ist, der schon als Kind in der Branche tätig war. Er wurde in Auckland in Neuseeland geboren und seine erste Rolle war die des Tony Garrett in dem Fernsehfilm *The Rogue Stallion* (1990). Bekannt ist er vor allem als Iolaus in *Der junge Hercules* und als Homer in *Xena die Kriegerprinzessin*. Viele Leute glauben, dass Dean sich mit Absicht immer Fantasy-Rollen aussucht, aber das ist nicht der Fall. *Geek Syndicate* gegenüber sagte er: »Ich glaube, das ist Zufall. Ich würde nicht sagen, dass ich mir bewusst Fantasy-Sachen suche, aber in letzter Zeit scheinen die vermehrt aufzutauchen.«

Dean sprach auch über die Lieblings-Fantasyserien und -filme aus seiner Kindheit: »Als Kind liebte ich *Star Wars* – ich habe sogar noch einen alten Todesstern aus Pappe. Aber das ist nicht richtig Fantasy, oder? *Krull* habe ich mit meinem Dad gesehen und es geliebt, aber zu diesem Film gab es nie Spielzeug. Ich stand auf Sachen wie *MASK – Die Masken* und *G.I. Joe*.«

Schon gewusst?
Mit zehn hatte Dean O'Gorman bereits den schwarzen Gürtel im Karate.

In seiner Freizeit betätigt sich Dean gern als Maler und Fotograf, vor Kurzem hat er einige Szenen des Vietnamkrieges nachgestellt, um sie zu fotografieren. Die künstlerische Ader hat er von seinem Vater, der Landschaftsmaler ist. Mit zwölf bekam er seine erste Rolle in dem Fernsehfilm *Raider of the South Seas*. Neben seiner Arbeit als Schauspieler wurde am College sein Interesse für Fotografie geweckt. Seither ist er auf beiden Gebieten erfolgreich. Oft macht er Porträtaufnahmen von seinen Schauspielfreunden.

Deans Demoband wurde von Gareth Williams zusammengestellt. Wer es sich ansehen möchte, kann dies auf www.garethwilliamsshowreels.com tun.

FRODO BEUTLIN
Name: Frodo Beutlin
Auch bekannt als: Ringträger
Volk: Hobbits
Gespielt von: Elijah Wood
Beschreibung: Frodo wurde nach dem Tod seiner Eltern von Bilbo Beutlin adoptiert. Für einen Hobbit ist er mittelgroß und hat braunes, lockiges Haar. Er hat am gleichen Tag Geburtstag wie Bilbo – am 22. September.

Frodo wird von Elijah Wood gespielt, der diese Rolle bereits in der *Herr der Ringe*-Trilogie übernommen hatte. Frodo taucht im Buch *Der Hobbit* nicht auf, aber der Regisseur Peter Jackson und die anderen Drehbuchautoren entschieden sich, ihm im *Hobbit* eine kleine Rolle zu geben.

Elijah ist ein amerikanischer Schauspieler aus Cedar Rapids, Iowa. Als geborener Entertainer ergatterte er seine erste Rolle bereits als Kind. Zuerst spielte er in Werbespots und hatte kleine Nebenrollen in Serien, bevor er die Rolle des Michael Kaye in *Avalon* (1990) erhielt, mit der er seinen Durchbruch schaffte. Elijah hat bereits an der Seite von Mel Gibson, Macaulay Culkin, Ron Perlman, Kevin Costner und Sigourney Weaver gespielt, um nur einige zu nennen. Er bewies allen, dass er ein talentierter Schauspieler und nicht nur ein ehemaliger Kinderstar ist. Er wollte unbedingt etwas Außergewöhnliches machen, um die Rolle als Frodo zu bekommen, daher bat er einen Freund – den Regisseur George Huang –, ihm beim Dreh eines Videos zu helfen. Elijah zog sein bestes Hobbit-Kostüm an und die beiden gingen in Kalifornien in einen Wald, um ein paar Szenen zu drehen. Danach schnitten sie das Video und Elijah schickte es in der Hoffnung, dass es sie überzeugen würde, zu den Castingagenten.

Nach den Dreharbeiten zum letzten *Herr der Ringe*-Film hat er Patrick in *Vergiss mein nicht*, Kevin in *Sin City* und Ryan Newman in der Serie *Wilfred* gespielt sowie Mumble in *Happy Feet* gesprochen. Außerdem gründete er sein eigenes Musiklabel – Simian Records. Elijah behauptet immer, dass er eigentlich ein Nerd ist und es bedauert, nicht mehr auf Events wie die ComicCon gehen zu können, weil er dann von Fans umringt werden würde. Er erzählte Collider.com: »Es ist seltsam – in meinem Alltagsleben könnte ich eigentlich ohne Probleme überall hingehen, aber dort treffe ich dann so viele Fans, dass es schwierig wird. Wir sind Teil davon – es heißt nicht, ich gegen sie –, aber es ist echt schwer. Ich war schon so oft auf der ComicCon, und als ich das erste Mal da war, bin ich überall herumgelaufen. Wir waren dort, um vor der Veröffentlichung für *Der Herr der Ringe* Werbung zu

machen. Das war ein einschneidendes Erlebnis. Ich habe mir die
Stände mit den Figuren angesehen. Es war fantastisch, die Künstler
kennenzulernen. Aber nachdem der erste Film herausgekommen
war, wurde mir klar, dass ich das nicht mehr tun konnte. Ich habe
darüber nachgedacht, ein Kostüm oder eine Maske zu tragen,
aber das ist auch nicht so einfach. Einige Leute machen das – ich
glaube, Simon Pegg macht das. Darüber habe ich auf jeden Fall
schon nachgedacht.«

Frodo war seine bisher größte Rolle und daher war er über-
glücklich, als man ihn bat, auch in den *Hobbit*-Filmen wieder
aufzutreten. Elijah erzählte der *Salt Lake Tribune*: »Ich war einen
Monat lang am Set, obwohl die Dreharbeiten eigentlich nicht
so viel Zeit in Anspruch nahmen. Zur Hälfte habe ich Urlaub
gemacht und alte Freunde wiedergetroffen und zur Hälfte habe
ich gearbeitet. Ich stand auf einem Hügel, habe zu den Hobbit-
Höhlen geschaut und dachte: Hier bin ich 19 geworden und jetzt
bin ich dreißig. Das ist schon seltsam. Viele der Crewmitglieder
sind wieder dieselben. Das hat sich fast so angefühlt, wie in die
Vergangenheit zu reisen. Ein außergewöhnliches Erlebnis.«

Im fünften Produktionsvideo sagte er am Set von Hobbingen:
»Ich werde nie das Gefühl vergessen, das ich hatte, als ich zum
ersten Mal nach Hobbingen kam – ich habe so viel Zeit in diesem
Universum mit diesen Figuren verbracht. Es liegt so viel Nostalgie
und Geschichte in der Luft.«

Schon gewusst?
**Elijah Wood ist Fan der Serien *True Blood*, *The Wire* und *Mad
Men*. Eine Weile sah er sich auch gern *The Biggest Loser* an.**

Da Elijah im *Hobbit* nur eine kleine Rolle spielt, freute er sich
sehr darauf, die Filme im Kino als Tolkien-Fan zu sehen und nicht
mit den Augen eines Schauspielers. Er hatte nicht viel von den

Dreharbeiten mitbekommen, kann sich die Filme also unbefangen anschauen. Anfangs erhielt er einige negative Rückmeldungen von Fans, die der Meinung waren, dass er nicht in den Filmen auftreten sollte, weil seine Figur am Ende der Geschichte noch nicht einmal geboren war, aber er konnte sie mit ein paar Interviews beruhigen. Er erklärte, dass man es klug angestellt hatte und sein Auftritt etwas zu der Geschichte beitragen würde.

Elijah liebt es, Frodo zu spielen, er besitzt immer noch die Hobbitfüße, die ihm der Regisseur Peter Jackson nach Abschluss der Dreharbeiten zu den *Herr der Ringe*-Filmen geschenkt hat. In der *Radio Times* erinnerte er sich: »Sie sind irgendwo in einer Schachtel, sie bestehen aus Latex. Ich habe sie mir eine Zeit lang nicht angesehen. Vielleicht sind sie schon verrottet – ich sollte mal nachschauen.«

Er durfte auch den Ring behalten, den er ebenfalls in einer Schachtel aufbewahrt. Für eine Weile hat er ihn getragen, aber jetzt nicht mehr, weil seit den Dreharbeiten zu *Der Herr der Ringe* so viel Zeit vergangen ist. Aber eines Tages kommt er vielleicht wieder in Versuchung, ihn zu tragen.

FÜRST DER ADLER
Name: Fürst der Adler
Auch bekannt als: Adlerfürst, König der Vögel
Beschreibung: Die riesigen Adler sind großartige Vögel. Sie sind ehrlich und nobel und gute Jäger. Gandalf hat den Fürsten der Adler früher einmal von einer Pfeilwunde geheilt, weshalb der ihm hilft, Bilbo und die Zwerge vor den Wölfen und Orks in Sicherheit zu bringen.

GALADRIEL

Name: Galadriel

Auch bekannt als: Herrin von Lórien, Herrin des Lichts, Sturmkönigin, Herrin der Galadhrim, Weiße Herrin, Königin Galadriel, Herrin des Goldenen Waldes, Elbenhexe, Herrin des Waldes

Volk: Elben, Noldor

Gespielt von: Cate Blanchett

Beschreibung: Galadriel taucht in *Der Hobbit* nicht auf, aber Peter Jackson beschloss, sie in Szenen zur Hintergrundgeschichte auftreten zu lassen. Sie ist eine große Elbin, bleibt ewig jung und hat lange, goldene, mit Silber durchwirkte Haare.

Die australische Schauspielerin Cate Blanchett hat Galadriel schon in den *Herr der Ringe*-Filmen gespielt und sollte nun die Rolle in *Der Hobbit* noch einmal übernehmen. Während ihrer Karriere hat die talentierte Schauspielerin viele Preise bekommen, unter anderem einen Oscar, zwei BAFTAs und zwei Golden Globes. Als Blanchett für die *Hobbit*-Filme engagiert wurde, verfasste Peter Jackson eine Pressemitteilung. Darin hieß es: »Cate gehört zu den Schauspielern, mit denen ich am liebsten zusammenarbeite, und ich freue mich wahnsinnig, dass sie wieder in die Rolle schlüpft, die sie in den anderen Filmen so wunderbar zum Leben erweckt hat.«

Cate war auch sehr aufgeregt und während eines Interviews zu ihrem Film *Wer ist Hanna?* (2011) sagte sie gegenüber Collider.com: »Galadriel spielt in der *Herr der Ringe*-Trilogie natürlich nur eine kleine Rolle, aber ich denke, das waren die besten drei Wochen, die ich je erlebt habe. Peter Jackson und Fran, seine Komplizin, sind ein Geschenk für die Filmindustrie – auf jeden Fall ein Geschenk für Neuseeland. Ich habe noch kein Drehbuch, also weiß ich noch nicht, was ich tun werde. Natürlich spielt Galadriel im *Hobbit* keine große Rolle.«

Man hatte ihr nicht genau gesagt, wann die Dreharbeiten stattfinden sollten, nur dass es »Mitte des Jahres« sein würde. Sie muss Peter und Fran wirklich vertraut haben, als sie ihren Vertrag unterschrieb, ohne ein Skript gesehen zu haben. Sie wusste nicht, worauf sie sich einließ. Aber nicht nur Cate war begeistert, auch ihre Kinder waren aufgeregt. Dem deutschen Magazin *Interview* verriet sie: »Sie fanden es unglaublich aufregend. Meine beiden Älteren haben die *Herr der Ringe*-Trilogie gesehen. Seit ich Kinder habe, drehe ich viel weniger Filme, aber meine drei Söhne sind in Wohnwagen und an Sets aufgewachsen. Trotzdem ist diese Geschichte etwas Besonderes.«

Cate Blanchett ist eine der beliebtesten Schauspielerinnen Australiens. Sie wurde in Melbourne, Victoria, geboren und stand bereits zu Schulzeiten auf der Bühne, hatte aber keine großen Ambitionen, Schauspielerin zu werden. Nach dem College reiste sie umher und spielte in Ägypten in einem arabischen Boxerfilm mit, weil sie Geld brauchte. Als sie erkannte, dass Schauspieler Menschen bewegen können, beschloss sie, dies zu ihrem Beruf zu machen.

Blanchett studierte am National Institute of Dramatic Art in Kensington, Australien, und machte 1992 ihren Abschluss. Zuerst spielte sie in Australien in Theaterstücken mit, zum Beispiel in Caryl Churchills *Top Girls* und in Timothy Dalys *Kafka Dances*. Die Zuschauer und Kritiker waren beeindruckt von ihren Darbietungen und 1993 erhielt sie den Newcomer Award des Sydney Theatre Critics Circle. Sie spielte weiterhin Theater und gewann noch mehrere Awards, bevor sie in der erfolgreichen australischen Serie *Heartland* auftrat. Cates erster Film war *Weg aus der Hölle* (1997). Darin spielte auch Glenn Close mit. Ein Jahr später hatte sie ihren großen Durchbruch mit dem Film *Elizabeth* (1998), der sie international berühmt machte. Diese Rolle und die der Galadriel sind ihre bekanntesten. Cate spielte in Blockbustern wie *Indiana Jones und das Königreich des Kristallschädels* und *Aviator* mit, stand aber auch viel auf der Theaterbühne. Sie ist neben ihrem Mann Andrew Upton künstlerische Leiterin der Sydney Theatre Company. Andrew ist Dramatiker, Drehbuchautor und Regisseur. Zusammen haben sie eine eigene Filmproduktionsfirma gegründet – Dirty Films.

Schon gewusst?
Cate und ihr Mann haben sich verlobt, nachdem sie erst drei Wochen lang miteinander ausgegangen waren.

Die *Herr der Ringe*-Filme eröffneten Blanchett eine ganz neue Welt als Schauspielerin. Vorher hatte sie nie mit Prothesen und Bluescreen-Technik gearbeitet, weshalb es sich für sie zunächst ein wenig seltsam anfühlte. *Total Film* gegenüber sagte sie: »Ich wollte unbedingt mit Peter Jackson zusammenarbeiten. Die Figur spielte dabei komischerweise nur eine untergeordnete Rolle und die Konsequenzen, die sich daraus ergeben würden, waren irrelevant.«

In einem Interview mit dem Fernsehsender Fox gab sie zu, dass sie schon immer in einem Film hatte mitspielen wollen, in dem sie spitze Ohren haben würde. Nachdem sie ihre Szenen für *Der Herr der Ringe* abgedreht hatte, bekam sie einen bronzenen Abguss ihrer Ohren geschenkt.

Trotz ihres Erfolgs blieb Cate bodenständig und das Gegenteil einer Diva. *Total Film* fragte sie, wie sie am Set behandelt werden möchte, und sie antwortete: »Respektvoll. Alles, was ich verlange, ist Respekt. Jeder möchte doch respektiert werden, oder? Man möchte, dass seine Arbeit respektiert wird, ob man nun in der Requisitenabteilung, als Kameramann, Maskenbildner oder was auch immer beschäftigt ist. Man möchte, dass die eigenen Bemühungen anerkannt werden. Ich habe mich nicht voll und ganz dem Film verschrieben. Ich kann verschiedene Dinge miteinander verknüpfen, weil ich Kinder habe und im Theater tätig war. Ich komme aus einer anderen Ecke als Kinderstars oder jemand, der vorher Musiker oder Model war.«

GALION

Name: Galion
Auch bekannt als: Kellermeister des Königs
Volk: Waldelben
Gespielt von: Craig Hall
Beschreibung: Galion ist ein Elb mit goldenen Haaren und einer Vorliebe für Wein. Wenn er zu viel trinkt, schläft er ein, und wenn man ihn weckt, ist er mürrisch.

Der 1974 in Auckland geborene neuseeländische Schauspieler Craig Hall übernahm die Rolle des Galion. Er hat bereits in vielen Fernsehserien und -filmen und auch in einigen Kinofilmen mitgespielt. So trat er unter anderem in Peter Jacksons *King Kong* (2005) als Mike und in *30 Days of Night* (2007) als Wilson Bulosan auf.

GANDALF

Name: Gandalf
Auch bekannt als: Gandalf der Graue, Gandalf der Weiße, Mithrandir, Olórin, Sturmkrähe, Graurock, Incánus, Tharkûn, LáthSpell, Grauer Pilger, Wanderer

Volk: Maiar/Istari/Ithryn
Gespielt von: Sir Ian McKellen
Beschreibung: Gandalf ist ein Zauberer mit einem weißen Bart, einem spitzen blauen Hut, einem grauen Umhang, einem silbernen Schal und schwarzen Stiefeln.

Über die Jahre haben viele Schauspieler Gandalf verkörpert. Im *Herr der Ringe*-Trickfilm von 1978 lieh William Squire dem Zauberer seine Stimme, in den Trickfilmen *The Hobbit* (1977) und *The Return of the King* (1980) John Huston. In den Radioadaptionen der BBC von 1955 und 1981 wurde Gandalf von Norman Shelley gesprochen. Für die *Herr der Ringe*-Trilogie (2001–2003) wurde Sir Ian McKellen als Gandalf gecastet und er war auch einer der ersten Schauspieler, die sich für *Der Hobbit* verpflichteten.

Sir Ian McKellen stammt aus Burnley in England, wuchs aber in Wigan, Lancashire, auf. Eine seiner frühsten Erinnerungen ist, dass er mit drei eine Aufführung von *Peter Pan* im Manchester Opera House gesehen hat. Seine Familie liebte das Theater und seine Schwester Jean nahm ihn zu seinem ersten Shakespeare-Stück mit – *Was ihr wollt* im Wigan Little Theatre. Sie sahen sich jede Woche ein Stück im Hippodrome in Bolton an und besuchten alle Ballette und Opern, die in der Gegend aufgeführt wurden. Ian spielte schon in der Schule mit Begeisterung Theater und trat dem Hopefield Miniature Theatre bei.

Er erzählte *IGN FilmForce*: »Ich habe in Cambridge Englisch studiert und dort viel Theater mit Freunden gespielt, die fest entschlossen waren, professionelle Schauspieler zu werden: Trevor Nunn – der jetzt das National Theatre leitet –, Sir Derek Jacobi, Sir David Frost, Peter Cook und andere. Dort habe ich mich mit dem Schauspielfieber infiziert und erkannt: Wenn meine Freunde es an professionellen Theatern schafften, dann konnte ich das vielleicht auch. Nach meinem Abschluss in Cambridge habe ich mich bei verschiedenen regionalen Repertoiretheatern in Großbritannien beworben und eines nahm mich auf. Und heute bin ich immer noch dabei.«

Am Anfang seiner Karriere spielte Sir Ian McKellen in mehreren Shakespeare-Stücken mit. Er spielte Shallow in *Heinrich IV.*, Jago in *Othello* und Macbeth in dem gleichnamigen Stück. 2007 wurde er in die Royal Shakespeare Company aufgenommen und spielte in *König Lear* und Tschechows *Die Möwe* mit – beide Stücke waren ausverkauft. Zwei Jahre später begeisterte er die Theaterzuschauer wieder, und zwar in *Warten auf Godot* an der Seite von Patrick Stewart.

Seine erste Rolle in einem Film erhielt Sir Ian 1969, als er George Matthews in *A Touch of Love* spielte. Er trat in Fernsehserien und -filmen auf, bevor er in den Neunzigern auch als Schauspieler in Kinofilmen Karriere machte. 1998 erhielt er eine Oscarnominierung für seine Darbietung in *Gods and Monsters*. Heute ist er vor allem dafür bekannt, dass er Magneto in den *X-Men*-Filmen und Gandalf in der *Herr der Ringe*-Trilogie gespielt hat.

Nachdem Sir Ian sich bereit erklärt hatte, für die *Hobbit*-Filme noch einmal in Gandalfs Rolle zu schlüpfen, musste er seinen Zeitplan ändern, da es aufgrund der Verzögerungen keinen festen Termin für den Beginn der Dreharbeiten gab. Ursprünglich dachte er, dass man im Juli 2010 drehen würde, und er plante eine Tour mit seinem Stück *Warten auf Godot* durch Neuseeland, aber der Beginn der Dreharbeiten verzögerte sich.

Im Mai 2008 wurden Peter Jackson und Guillermo del Toro in einem Webchat gefragt, wie sie sich Gandalfs Rolle in den *Hobbit*-Filmen vorstellen. Der Moderator meinte: »Er scheint an mehreren Stellen des Buches allein umherzuziehen und zu verschwinden. Wollen Sie dem treu bleiben oder ihm eine aktivere

Rolle geben?« Del Toro antwortete: »Ich denke, dass man Gandalf so darstellen muss – kommend und gehend, in die Geschichte rein und wieder heraus. Das schafft die perfekten Lücken, die mit dem zweiten Film geschlossen werden sollen.«

Jackson fügte hinzu: »Diese Lücken sind großartig! Es passiert so viel, das ihn ablenkt. Ich bin froh, dass wir Gandalf den Grauen wieder für zwei Filme haben. Ian und ich lieben ihn – wir waren ein bisschen traurig, als Gandy der Weiße das Ruder übernahm.«

Schon gewusst?
Ian McKellen erhielt von Guillermo del Toro 2010 das gesamte Drehbuch. Die anderen Schauspieler mussten lange warten, bis sie eine Handvoll Seiten erhielten, aber del Toro wusste, dass er Ian vertrauen konnte und er das, was er gelesen hatte, für sich behalten würde.

Del Toro erzählte McKellen später, warum er als Regisseur zurückgetreten war: Er machte sich Sorgen wegen der Zeitplanung und musste andere Projekte in Angriff nehmen. Sir Ian sprach darüber in seinem Blog.

Nachdem bekannt gegeben worden war, dass die Dreharbeiten im Februar 2011 mit Peter Jackson als Regisseur beginnen sollten, fing Sir Ian an, infrage zu stellen, ob er Gandalf überhaupt spielen sollte.

Er erklärte das in einem Blogeintrag: »Ich fragte mich, ob Gandalf das war, was ich am liebsten machen wollte, mehr als zum Beispiel ein neues Theaterstück oder eine neue Rolle. In einer Fortsetzung mitzuspielen ist nicht unbedingt eine so lohnende Erfahrung, wie im Original mitzuspielen. Könnte ich Gandalf loslassen? Würde es jemanden interessieren, wenn ich es tun würde? Interessiert es denn irgendjemanden, dass Michael Gambon nicht der Erste war, der Dumbledore gespielt hat? In der entscheidenden Verhandlung ging es nicht um Geld, sondern um den Zeitplan. Gandalf wird für die nächsten 18 Monate am Set gebraucht, es gibt aber beträchtliche Pausen, in denen ich an anderen Projekten arbeiten kann. Meine Sorge, dass ich nicht so leicht aus Mittelerde verschwinden könnte, wurde beseitigt.«

Zum Glück entschied sich Sir Ian dafür, doch noch einmal Gandalf zu spielen, obwohl der Beginn der Dreharbeiten erneut um einen Monat auf den 28. März 2011 verschoben wurde. Alle waren bereit gewesen, aber Peter Jackson musste notoperiert werden, weil er ein perforiertes Magengeschwür hatte. Seine Versicherung verlangte, dass er sich fünf Wochen freinehmen sollte, um sich zu erholen. Er hatte also keine Wahl. Er konnte nicht einmal an einer Pressekonferenz teilnehmen und ließ deshalb die folgende Nachricht an die Journalisten verlesen: »Ich wäre heute Morgen gern bei Ihnen allen, aber ich stehe momentan unter einer medizinischen Art von Hausarrest, damit ich es nicht übertreibe, bevor ich mich ganz von der Operation erholt habe. Ich werde bald wieder auf den Beinen sein und um ehrlich zu sein bringen mich die Typen, mit denen Sie jetzt sprechen werden, immer so zum Lachen, dass tatsächlich die Gefahr bestünde, dass mir die Naht platzt.«

Als der Regisseur wieder da war, drehte Sir Ian seine Szenen mit Martin Freeman und den Zwergen in Bilbos Haus. Während der Dreharbeiten sagte Jackson gegenüber *Entertainment Weekly*: »Er ist fantastisch in Form. In gewisser Weise wirft seine Rolle in *Der Hobbit* mehr technische Schwierigkeiten auf als in *Der Herr der Ringe*, weil er in vielen Szenen mit 14 kleineren Figuren zusammentrifft – natürlich sind die Zwerge und der Hobbit viel kleiner als er. Ich erinnere mich, wie ich zu ihm gesagt habe: ›Das hier ist nicht *Warten auf Godot* oder *König Lear*. Das ist *Der Hobbit* – das ist das einzig Wahre.‹«

GLÓIN

Name: Glóin
Volk: Zwerge, Durins Volk
Gespielt von: Peter Hambleton
Beschreibung: Glóin ist ein Zwerg mit einer weißen Kapuze. Er ist der Bruder von Óin und beide sind entfernt mit Thorin verwandt. Beide sind besonders gut im Feuermachen. Glóin ist verheiratet und hat einen Sohn namens Gimli (der in *Der Herr der Ringe* eine Rolle spielt).

Die Rolle des Glóin übernahm der Neuseeländer Peter Hambleton, der die New Zealand Drama School besucht hat und nicht nur Schauspieler ist, sondern auch Theaterregisseur. Er hat schon fürs Radio, auf der Bühne sowie bei Film und Fernsehen gearbeitet. In Neuseeland ist er in über siebzig Theaterproduktionen aufgetreten, außerdem ist er Mitglied des Circa Theatre Circle. Er ist verheiratet und hat einen Sohn namens Joseph und eine Tochter namens Sophie, die in seine Fußstapfen getreten und Schauspielerin geworden ist.

Auf einer Pressekonferenz sprach Peter darüber, wie die Zwerge sich bei den Proben, schon vor Beginn der Dreharbeiten zusammengerauft hatten:»Wir sind eine tolle Truppe – wir fühlen uns schon wie echte Kumpel. Wir haben alle starke Persönlichkeiten, aber wir sind alle gleich und verstehen uns gut.«

In seinem Blog scherzte der Schauspieler:»Ich denke, wenn die Leute unsere Bärte sehen, werden Bärte wieder stark im Kommen sein!«

Am Tag 18 der Dreharbeiten, als Peter gerade Szenen mit den anderen Zwergen in Bilbos Haus drehte, schaute der Schauspieler John Rhys-Davies vorbei. John hatte Gimli in *Der Herr der Ringe* gespielt und es war für Peter besonders schön, ihn kennenzulernen, weil Gimli Glóins Sohn ist.

Schon gewusst?
Die Rolle des Zwerges in *Der Herr der Ringe* war eine schreckliche Tortur für John Rhys-Davies, da er gegen die Prothesen, die er ins Gesicht bekam, allergisch war, weshalb sich seine Haut pellte und er schmerzhafte Pusteln bekam.

GOLLUM
Name: Gollum
Auch bekannt als: Mein Schatz, Sméagol
Volk: Hobbits, vom (oder verwandt mit dem) Hobbitstamm der Starren
Gespielt von: Andy Serkis
Beschreibung: Gollum ist ein schleimiges Wesen und klein von Wuchs. Er hat ein hageres Gesicht und große, blasse Augen.

Schon gewusst?
In der ersten Ausgabe von *Der Hobbit* erzählt Tolkien, Gollum wollte Bilbo den Ring als Preis für das gelöste Rätsel geben, bevor er merkte, dass der Ring weg war. Dann zeigte er Bilbo den Ausgang. Tolkien beschloss, dies für die zweite Ausgabe, die 1951 veröffentlicht wurde, zu ändern, damit die Handlung zu der von *Der Herr der Ringe* passt.

Gollum wird in den *Hobbit-* und den *Herr der Ringe*-Filmen von dem in Ruislip Manor in London geborenen Schauspieler Andy Serkis gespielt. Andys Vater war Iraker armenischer Abstammung und arbeitete als Arzt im Irak, als Andy ein Kind war. Bis zu seinem zehnten Lebensjahr pendelte Andy oft zwischen London und Bagdad hin und her.

Als Jugendlicher wollte Andy noch nicht Schauspieler werden, sondern Künstler und er dachte, dass er Setdesigner werden oder etwas anderes hinter den Kulissen machen könnte. An der Lancaster University lernte er während seines Studiums der Bildenden Kunst alles über Bühnenbilder und Design. Dort baten ihn einige Kommilitonen eines Tages, in einem Stück mitzuspielen, das sie gerade auf die Beine stellten. Er erklärte sich einverstanden, ahnte aber nicht, dass dies sein Leben verändern würde. Sobald er in Barrie Keeffes *Gotcha* auf der Bühne stand, erkannte er, dass er Schauspieler und nicht Setdesigner werden wollte.

Orange gegenüber erklärte er: »Malen war mein Ding. Deshalb wollte ich Maler oder Grafiker werden. Dafür habe ich an der Lancaster University studiert und auch weil die Uni in der Nähe des Lake District war und ich damals gern geklettert bin. Mir war zuerst nicht klar, dass man in seinem ersten Jahr noch ein weiteres Fach studieren musste, und ich wusste nicht, für welches ich mich entscheiden sollte. Es gab ein gutes Institut für Theaterwissenschaften. Ich dachte, das hat auch was mit Kunst zu tun, also hab ich das gemacht. Zuerst habe ich Poster designt und Bühnenbilder und so was entworfen. Dann habe ich auch in einigen Produktionen mitgespielt, bis ich eine Rolle bekam, die eine echte Erleuchtung für mich war. Plötzlich wusste ich: Das muss ich machen.«

Nach dem Uniabschluss blieb Andy in Lancaster. Hier trat er in Produktionen am Duke's Playhouse auf. Er wollte bei der Arbeit lernen, statt weiter zu studieren oder eine Schauspielschule zu besuchen. Bei einem Interview mit WhatsOnStage.com wurde er 2001 gefragt, was er als seinen Durchbruch empfindet. Er antwortete: »*Privates on Parade* unter der Regie von Jonathan Petherbridge am Duke's Playhouse in Lancaster. Ich bin dem Repertoiretheater am Duke's Playhouse beigetreten und habe während eineinhalb Jahren in ungefähr 14 Produktionen mitgewirkt – dort habe ich meine Equity Card [Mitgliedskarte für die Schauspielergewerkschaft] bekommen und mein Handwerkszeug als Schauspieler gelernt.«

Andy war Mitglied umherreisender Theaterkompanien – beim Royal Exchange Theatre in Manchester und beim Royal Court Theatre in London. 1987 begann er auch im Fernsehen aufzutreten, sein Kinodebüt gab er 1994 in dem Film *Der Prinz von Jütland*, in dem auch Christian Bale und Kate Beckinsale mitspielten. Fünf Jahre später hatte er seinen ganz großen Durchbruch als Gollum im ersten *Herr der Ringe*-Film. Er hätte sich diese Chance allerdings fast entgehen lassen, wie er *Sabotage Times* erzählte: »Als mir die Rolle angeboten wurde, war ich anfangs nicht sonderlich interessiert. Man hatte mich damals einfach nur gefragt, ob ich einer Figur in einem Film, der in Neuseeland gedreht wurde, meine Stimme leihen wollte. Das hatte keinen so großen Reiz für mich. Aber dann stellte sich heraus, dass es dabei um *Der Herr der Ringe* und die Rolle des Gollum ging und dass Peter Jackson der Regisseur war. Als das alles klar war, war ich zwar viel neugieriger geworden, aber immer noch nicht besonders daran interessiert, lediglich in einer Kabine zu sitzen und einen Text zu sprechen. Also habe ich mit Peter Jackson und seiner Frau und Mitarbeiterin Fran Walsh gesprochen und wir erreichten einen Punkt, an dem wir uns einig waren, dass es interessanter wäre, wenn ich die Rolle auch am Set interpretieren würde. Ich bin echt froh, dass wir das so gemacht haben, denn ich denke, Gollum würde ohne dieses direkte Zusammenspiel mit Elijah Wood und Sean Astin nicht dieselbe Wirkung haben.«

Andy hat zwei Jahre lang einen hautengen Motion-Capture-Anzug mit Markierungen getragen, sodass die Kameras jede seiner Bewegungen einfangen konnten, die er für die drei *Herr der Ringe*-Filme gemacht hat. Bei den Dreharbeiten zu *Der Hobbit* hat er es wieder getan. Bei einem Interview fragte ihn die CBBC-Zuschauerin Sylvie: »Wie lange dauert es für Sie als Schauspieler, eine Szene als Gollum zu spielen, verglichen mit einer normalen Szene?«

Andy antwortete: »Das ist eine gute Frage. Wir drehen alles so wie bei einem normalen Film und dann findet sehr viel Nachbearbeitung statt. Ich muss alles in einem Motion-Capture-Studio noch einmal drehen. Dann arbeite ich mit den Animatoren zusammen und spreche den Text noch einmal ein. Alles in allem kann das inklusive der Animation schon sehr lang dauern. Für manche Szenen brauchten wir insgesamt zweieinhalb Jahre.«

Schon gewusst?
Für Gollums Stimme imitierte Andy das Geräusch, das seine Katzen machen, wenn sie Fellbälle auswürgen. Er erklärte in einem Interview für CBBC: »Wenn meine Katzen Fellbälle im Rachen haben, ziehen sich ihre Körper krampfhaft zusammen und sie machen eine Art Hustengeräusch. Das schien für Gollum genau richtig zu sein – wenn er sagt: ›Gollum, Gollum.‹ Es passte absolut perfekt.«

In der Zeit zwischen den *Herr der Ringe*-Filmen und den *Hobbit*-Filmen spielte Andy weitere computeranimierte Figuren, aber auch traditionelle Rollen. Er spielte Kong in dem Blockbuster *King Kong* (2005), den Magazinchef Richard Kneeland in *30 über Nacht* (2004), Alley in *Prestige – Die Meister der Magie* (2006) und lieh Spike in *Flutsch und weg* (2006) seine Stimme. In seiner Freizeit malt und klettert er gern.

Andy Serkis machte es großen Spaß, seine erste Szene mit Martin Freeman als Bilbo zu drehen. Er war der Meinung, dass es gut war, mit der Szene in der Höhle zu beginnen, aber in den ersten Tagen hatte er das Gefühl, eine Imitation abzuliefern.

Filmfakt:
Andy Serkis war am ersten Drehtag für *Der Hobbit* der erste
Schauspieler in der Maske.

Als Andy seine Szenen in der Höhle abgedreht hatte, war seine
Arbeit als Schauspieler erledigt, denn Gollum spielt in *Der Hobbit*
nur eine kleine Rolle. Für den Rest der Zeit war er dann als
Regisseur des zweiten Stabes tätig. Dem *Hollywood Reporter* sagte
er: »Ich denke, ich verstehe Peters Empfinden und wir haben das
gleiche Verständnis von Mittelerde. Viele der Crewmitglieder, die
bei *Der Herr der Ringe* mitgearbeitet hatten, waren wieder mit
dabei. Peter möchte wirklich Leute um sich haben, die den Stoff
und seine Arbeitsweise verstehen.«

In einem anderen Interview, dieses Mal mit *IGN*, erzählte Andy,
wie es dazu kam, dass er Second-Unit-Regisseur wurde: »Peter
hat mich darum gebeten. Weil wir im letzten Jahrzehnt viel Zeit
miteinander verbracht haben, wusste er, dass ich schon lang mal
Regie führen wollte. Ich war begeistert, als er mich fragte. Er
sagte: ›Ich möchte, dass du es machst und mutig bist und tolle Entscheidungen triffst. Second-Unit-Regisseur bei einem so großen
Projekt zu sein ist eine große Sache, denn man muss dramatische
Szenen und Kampfszenen drehen und auch Totalen aufnehmen.
Es ist wirklich abwechslungsreich.‹«

Während der Dreharbeiten zum *Hobbit* war Andy von seiner
Frau Lorraine Ashbourne und seinen drei Kindern, Ruby,
Sonny und Louis, getrennt. Sie mussten wegen der Schule in
England bleiben. Damals sagte er gegenüber *Orange Film*: »Sie
kommen in den Sommerferien und auch in den Weihnachts-
und Osterferien rüber, aber sie gehen ja jetzt auf eine weiter-
führende Schule. So lang von zu Hause weg zu sein ist natürlich
die Kehrseite der Medaille. Aber wir haben ja Skype. Es gab ein
paar interessante Skype-Momente, in denen ich mein Abend-

essen zubereitete, während die anderen gerade frühstückten. Alle schreien durcheinander und ich stelle mir vor, zu Hause zu sein. Ich bin virtuell da.«

Zusammen mit dem Produzenten Jonathan Cavendish hat Andy in London ein eigenes Studio gegründet, das auf Motion Capture spezialisiert ist. Auf die Frage von James Peaty von *Den of Geek* im August 2011, wie es denn liefe, erwiderte Andy: »Wir sind jetzt komplett ausgestattet und stellen gerade die Technik und die Crew zusammen. Anfang nächsten Jahres sollte alles laufen. Zu unserem Aufgabenbereich gehört auch, dass wir ein Studio sind. Also entwickeln wir gerade zwei Filme, eine Idee für eine Serie und eine Live-Theatershow. Es gibt aber auch die akademische Seite, das Element der Forschung und Entwicklung. Wir wollen die Technik vorantreiben und sie auch jungen Schauspielern beibringen.«

GRÖSSENDOUBLES

In den *Hobbit*-Filmen wurden viele Größendoubles verwendet. Man brauchte welche für Bilbo, die Zwerge, Gandalf und viele der anderen Figuren, da es einen enormen Größenunterschied zwischen den verschiedenen Wesen gibt. Es war ein großer Moment für die Schauspieler, die die Zwerge spielen, als sie ihre Kostüme zum ersten Mal anprobierten und sich für ein Foto aufstellten. Vor ihnen standen ihre Größendoubles: Sie sahen nahezu identisch aus, waren nur kleiner.

Eines der Doubles von *Der Hobbit* war der Schauspieler und Stuntman Kiran Shah. In den *Herr der Ringe*-Filmen war er Elijah Woods Größendouble gewesen und hatte Frodo gespielt. Er steht im *Guinness-Buch der Rekorde* als »kleinster professioneller Stuntman«. In den *Hobbit*-Filmen ist er nun Martin Freemans Größendouble als Bilbo und außerdem verkörpert er einen Ork. Er spielte bereits in *Jäger des verlorenen Schatzes, Star Wars – Die Rückkehr der Jedi-Ritter, Die Legende* und *Die Chroniken von Narnia – Der König von Narnia* mit.

Brett Beattie war Dean O'Gormans Größendouble (Fili) und das von John Rhys-Davies (Gimli) in *Der Herr der Ringe*. Brett ließ sich zusammen mit den anderen »Gefährten« ein Tattoo an Johns Stelle stechen. In einem Forum schrieb er 2006: »Ein herzliches Hallo von Brett Beattie von der Südinsel Neuseelands. Allen, die sich fragen, wer zur Hölle ich bin, sei gesagt, dass ich der Trottel bin, der 189 Tage hinter einer Silikonmaske in einem Fatsuit unter einem zwanzig Kilo schweren Kostüm mit Rüstung und Waffen als Gimli und Double von John Rhys-Davies verbracht hat. Ich habe Gimlis Kämpfe, Stunts und seinen fragwürdigen Reitstil choreografiert und ausgeführt. Außerdem musste ich an den meisten Tagen Gimlis Text lernen, damit ich später synchronisiert werden konnte. Es ist eine bekannte Tatsache, dass ich mehr Zeit am Set verbracht habe als John Rhys-Davies. Ich bin nur 1,47 Meter groß – so konnte man die Illusion von Gimlis Größe aufrechterhalten. Meine harte Arbeit blieb aber nicht unbemerkt. Zum Ende der Dreharbeiten luden mich die anderen Gefährten-Darsteller dazu ein, mir ein elbisches Tattoo stechen zu lassen. Ich schätze, einer der schönsten Momente bei der Arbeit an der Trilogie – abgesehen von dem elbischen Tattoo – war das letzte Mal, als ich meine Gimli-Maske aufbekam. Ich hatte es überstanden, dass der Klebstoff und die Lösungsmittel Tag für Tag Schichten meiner Haut ablösten. Es war eine große Erleichterung, diese Herausforderung gemeistert zu haben, ohne zu sehr den Verstand zu verlieren!« Es muss ihm aber auch Spaß gemacht haben, denn schließlich spielt er in den *Hobbit*-Filmen wieder mit.

Ein anderes Größendouble ist Paul Randall. Von den Schauspielern und Crewmitgliedern hat Paul den Spitznamen »Tall Paul« erhalten, weil er 2,16 Meter groß ist. Er ist das Größendouble von Sir Ian McKellen und spielt somit Gandalf. Auch in den *Herr der Ringe*-Filmen war er schon Ians Größendouble gewesen. Wenn er Gandalfs Kleidung und einen Bart trägt, sieht er genauso wie Ian aus. Und seine Bewegungen sind die gleichen wie die von Ian McKellen, denn er wurde von Sir Ian und dem Bewegungscoach Nick Blake trainiert.

Die männlichen Größendoubles waren entweder zwischen 1,22 Meter und 1,57 Meter groß oder 2,03 Meter und größer. Die weiblichen Größendoubles waren zwischen 1,22 Meter und 1,52 Meter groß.

Schon gewusst?
Während der Dreharbeiten zu *Der Herr der Ringe – Die zwei Türme* führte Sean Astin (Samweis Gamdschie) bei einem Kurzfilm Regie, in dem Paul Randall mitspielte. Dieser Film wurde an einem freien Tag in Wellington gedreht und auch andere Schauspieler und Crewmitglieder spielten darin mit. *The Long and Short of It* ist sehr sehenswert. Der Kameramann Andrew Lesnie spielte einen Maler und die kleine Frau, die ihn rettet, wird von Praphaphorn Chansantor verkörpert, dem Größendouble von Billy Boyd (Pippin) in den *Herr der Ringe*-Filmen. Der Regisseur Peter Jackson trat als Busfahrer auf.

GROSSORK

Name: Großork
Volk: Orks
Gespielt von: Barry Humphries
Beschreibung: Der Großork hat einen sehr großen Kopf. Er ist der Herrscher der Orks, die in den Höhlen des Nebelgebirges leben.

Barry Humphries ist der Schauspieler, der dem Großork seine Stimme lieh. Der vielseitige Künstler, der in Melbourne in Australien geboren wurde, ist nicht nur Schauspieler, sondern auch Comedian, Drehbuchautor, Künstler, Filmproduzent und Schriftsteller. Er ist besonders für sein Alter Ego, Dame Edna Everage, bekannt.

Der Regisseur Peter Jackson verkündete auf seiner Facebook-Seite, dass Barry engagiert worden war. Er schrieb:»Ich bin hoch erfreut, dass Barry Humphries den Großork porträtieren wird, so wie Andy Serkis Gollum erschaffen hat. Barry ist vielleicht am meisten für seine geschäftlichen und privaten Verbindungen zu Dame Edna Everage als langjähriger Manager bekannt. Er war auch immer ein leidenschaftlicher Unterstützer des missverstandenen und unfairerweise verleumdeten australischen Politikers Sir Les Patterson. In seiner Freizeit ist Barry jedoch ein guter Schauspieler. Wir freuen uns darauf, dass er diese Figur mit Einfühlungsvermögen und emotionaler Tiefe spielen wird.«

Bei einem Gespräch mit dem neuseeländischen Premierminister John Key wurde Jackson gefragt, ob die Orks sich gut benehmen würden. Der Filmemacher antwortete:»Sie benehmen sich schon gut. Ich meine, man muss ihnen Luft geben. Wir haben Druckluftschläuche und pressen hin und wieder Luft in ihre Anzüge, um ihnen ein bisschen Frische zukommen zu lassen und sie bei Laune zu halten. Aber ja, sie sind klein und schadenfroh und böse.«

Er sprach auch über die Dreharbeiten: »Das Gute daran, einen Film zu machen, ist, dass jeder Tag anders verläuft – gestern haben wir zum Beispiel den ganzen Tag in einem Sturm verbracht. Es gab Blitz und Donner und Regen – die Zwerge sind einen Felsweg an einem Kliff entlanggegangen. Sie waren den ganzen Tag lang klitschnass und das war irgendwie lustig. Ihnen hat es allerdings nicht so viel Spaß gemacht – und heute gibt es Flammen, Feuer und Trolle. Jeder neue Tag ist also anders und man kann sich nicht entspannen. Man kommt jeden Tag zur Arbeit und da warten Probleme und Schwierigkeiten auf einen. Das macht es auf alle Fälle interessant.«

GUILLERMO DEL TORO

Guillermo del Toro sollte ursprünglich bei *Der Hobbit* Regie führen, aber er schied aus, bevor die Dreharbeiten begannen. Er hat das Drehbuch zusammen mit Philippa Boyens, Fran Walsh und Peter Jackson, der ihn als Regisseur ersetzte, geschrieben.

Guillermo ist ein mexikanischer Regisseur, Produzent, Drehbuchautor und Designer. Besonders bekannt ist er für *Pans Labyrinth*, *Blade II* und die *Hellboy*-Filme. Er wurde 1964 in Guadalajara in Mexiko geboren und hatte eine schwere Kindheit. 2006 verriet er im *Guardian*: »Ich sage gelegentlich, dass ich 32 Jahre damit verbracht habe, mich von den ersten zehn Jahren meines Lebens zu erholen. Ich hatte wirklich eine schreckliche Kindheit in Mexiko.«

Als Junge drehte Guillermo genauso wie Peter Jackson mit einer Super-8-Kamera seine eigenen Filme. Er studierte am Centro de Investigación y Estudios Cinematográficos in Guadalajara, wo er von Dick Smith, dem legendären, oscarprämierten Maskenbildner, alles über Masken und Special Effects lernte. Seine Karriere begann er demzufolge als Special-Effects-Maskenbildner. Der erste Film, bei dem er Regie führte, war *Cronos* (1993). Während er an seinem zweiten Film arbeitete – *Mimic – Angriff der Killerinsekten* (1997) –, wurde sein Vater in Mexiko gekidnappt und Guillermo musste eine große Summe Lösegeld bezahlen, doppelt so viel wie die Kidnapper ursprünglich gefordert hatten. Danach verließ der Filmemacher mit seiner Familie Mexiko für immer, denn er musste befürchten, dass sie wieder das Ziel von Kidnappern werden könnten.

Viele Menschen sehen Guillermo als Fantasy- und Horrorfilm-Regisseur, aber über die Jahre hat er viele verschiedene Arten von Filmen gedreht. Mit zwei Jahren glaubte er, dass grüne Ameisen die Wand hinaufkrabbeln würden, nachdem er eine Folge *Outer Limits* gesehen hatte – das ist eine seiner frühesten Erinnerungen. Außerdem dachte er, dass Monster in seinem Zimmer seien, und einmal sagte er zu einem dieser eingebildeten Ungetüme: »Wenn du nett zu mir bist und mich aufstehen und ins Bad gehen lässt, werde ich dir mein Leben widmen.« Guillermo schaffte es ins Badezimmer, und als er alt genug war, fing er an, Horrorfilme zu drehen.

Er trat als Regisseur von *Der Hobbit* zurück, weil er sich wegen der Terminplanung Sorgen machte. Seit Mai 2010 hat er folgende Filme produziert: *Biutiful*, *Los ojos de Julia*, *Don't Be Afraid of the Dark*, *Kung Fu Panda 2*, *Der gestiefelte Kater*, *The Captured Bird*, *Mama*, *Die Hüter des Lichts* und die TV-Serie *The Incredible Hulk*. Regie führte er bei *Pacific Rim* und *Pinocchio*.

Schon gewusst?
Guillermo del Toro und Peter Jackson lernten sich auf einer *Der Herr der Ringe*-Party bei Robert Shaye kennen. Del Toro

scherzt gern, dass sie ein Tablett mit Shrimps verputzt haben und darüber diskutierten, dass New Line noch mehr rundliche Regisseure mit Bart und einem komischen Akzent engagieren sollte. Damals ahnten sie noch nicht, dass sie bei *Der Hobbit* zusammenarbeiten würden.

Guillermo nahm das Angebot an, bei *Der Hobbit* Regie zu führen, weil er das Buch als Kind geliebt hat. In seinem Film *Pans Labyrinth* wollte er eigentlich einen Drachen wie Smaug einbauen, bis er von der Größe seines Budgets gebremst wurde. Bei einem Chat mit Fans verriet er: »Als ich sah, wie Peter die Trilogie in Angriff nahm, hätte ich nie gedacht, dass *Der Hobbit* jemals für mich infrage kommen würde. Der Vorschlag, ein halbes Jahrzehnt damit zu verbringen, diese Filme zu erschaffen, erhielt von mir – wie Peter bestätigen wird – in fünf Sekunden ein Ja. Bei Leuten aus der Branche gelte ich als Typ, der immer versucht, seine eigenen Projekte zu entwickeln. Ich bleibe sehr ausweichend, wenn man versucht, mich mit großen Projekten zusammenzubringen. Jahrzehntelang habe ich Filme mit einer riesigen Reichweite abgelehnt, aber dieses Projekt ist ein fantastisches Privileg und ich habe sofort zugesagt.«

Im gleichen Chat wurde Peter gefragt, warum Guillermo der Richtige für den Job sei. Er antwortete: »Seine Filme zeigen, dass er Respekt gegenüber Fantasy hat – er versteht sie und sie macht ihm keine Angst. Außerdem versteht Guillermo die Figuren und weiß, dass die Macht eines Filmes fast immer damit zusammenhängt, wie viel Mitgefühl man mit den Figuren der Geschichte hat. Seine Arbeit zeigt, dass er die Hauptfiguren, die er erschafft, liebt und fürsorglich behandelt. Außerdem hat er großes Vertrauen in Designs und visuelle Effekte. Viele Filmemacher haben Angst vor diesen Effekten, was kein Verbrechen ist, aber es ist schwer, wenn man solch einen Film macht. Wenn wir nicht einer Meinung sind, muss der Regisseur gewinnen, weil man einen Regisseur nie zwingen sollte, etwas zu drehen, an das er nicht glaubt. Aber wir sind beide ziemlich praktisch veranlagt und haben keine starken Egos. Ich glaube, wenn wir uns streiten, können wir uns gegenseitig unsere unterschiedlichen Theorien erklären – wie zwei Anwälte ihren Fall darlegen – und uns dann verständigen, was für den Film am besten ist.«

Guillermo hatte *Der Hobbit* als Kind gelesen, aber keines der anderen Bücher von Tolkien, bis er für *Der Hobbit* engagiert wurde. In einem Post im Forum von TheOneRing.net erzählte er: »Im Alter von elf habe ich *Der Hobbit* gelesen und das Buch hat mich verzaubert, wie einen nur ein klassisches Märchen verzaubern kann – es gab genug Düsteres und Schrecken und Emotionen, die mich bis heute tief beeindrucken: Der Düsterwald, die Warge, Smaug, die Rätsel im Dunkeln, das alles hat mich viele Jahre begleitet. Der Rest von Tolkiens Werken beinhaltete Geografie und Genealogie, die zu komplex für mein vorpubertäres Gehirn waren. Jetzt lese ich wie ein Verrückter, um mich mit einem neuen Land, einer Art Kontinent vertraut zu machen – einer Kosmologie, die ein brillanter Philologe erschaffen hat, der zu einem Schamanen wurde.«

Guillermo ließ sich vom *Hobbit* inspirieren, als er seinen Film *Pans Labyrinth* (2006) schrieb und die Regie übernahm.

Er verriet: »Für *Pans Labyrinth* habe ich mich mit Feenkunde beschäftigt und versucht, wiederkehrende Motive in einen Zusammenhang zu bringen und die Welt der Fantasie mit den Wahnvorstellungen des Krieges und der Politik – die Fantasiewelt der Erwachsenen – in Einklang zu bringen. Als ich den *Hobbit* vor Kurzem noch einmal gelesen habe, war ich gerührt, das illusorische Wesen von Besitz, die Sünde des Hortens und die Banalität des Krieges durch Bilbos Augen zu erkennen – ob nun an der Westfront oder in einem Tal in Mittelerde. Einsam ist der Berg wirklich.«

In einem anderen Post im Forum von TheOneRing.net gab er zu: »Mein Taschenrechner ist seit meinem ersten Film in einem ziemlich schlechten Zustand. Mit Ausnahme von *Das Rückgrat des Teufels* habe ich immer einen Teil meines Gehalts oder das ganze hinten angestellt. Und nach der Entführung meines Vaters Ende der Neunziger war ich fast bankrott und habe es trotzdem abgelehnt, *Die Chroniken von Narnia* und den dritten *Harry Potter* zu drehen. Ich muss mich nicht verbiegen, um meinen Lebensunterhalt zu verdienen, sonst würde ich Filme wie *Pans Labyrinth* oder *Das Rückgrat des Teufels* zwischen großen Filmen machen.«

Guillermo del Toro und Peter Jackson ergänzten sich und gerieten nicht aneinander, während sie zusammen an *Der Hobbit* arbeiteten. Manchmal stritten sie sich über bestimmte Dinge und hin und wieder ging Guillermo als Gewinner aus dem Streit hervor, ein anderes Mal gewann Peter. Guillermo fasste in einem Interview mit DigitalActing.com zusammen, wie sehr er seinen Kollegen respektiert: »Zweimal wurde ich in meinem Leben von Filmemachern produziert, beide hießen Peter. Der eine war Pedro Almodóvar und der andere Peter Jackson. Beide Male habe ich die Erfahrung gemacht, dass sie die perfekten Produzenten sind, weil sie verstehen, dass ein Produzent kein Regisseur ist. Ein Produzent ist ein Produzent. Wenn es einen Notfall gibt, wenn irgendetwas schiefgeht, dann kann und sollte der Produzent eine feste Meinung haben. Aber solange alles gut geht, man in der Zeit und im Budget bleibt und zuverlässig kreativ ist, ist das nicht notwendig.«

Als del Toro sich von dem Projekt zurückzog, war er der Meinung, dass Peter Jackson die Regie übernehmen sollte, weil der Regisseur jemand sein sollte, der all das lebte und atmete, was sie beide in den vergangenen zwei Jahren getan hatten. Der neue Regisseur musste das Drehbuch und die Vision verstehen, also war Peter die naheliegende Wahl. Guillermo glaubte jedoch, dass Peter den Drachen Smaug verändern würde, falls er den Job übernähme, und das muss hart für Guillermo gewesen sein, weil er dessen Design mit so viel Leidenschaft erschaffen hatte.

In einem Interview mit der BBC wurde Guillermo gefragt, wie schwer es ihm gefallen ist, sich zurückzuziehen, und er antwortete: »Schlimmer kann es nicht werden – es war die schwerste Entscheidung, die ich je getroffen habe. Ich habe unglaubliche Herzschmerzen und fühle mich schrecklich. Es ist schwer. Es wird leichter, darüber zu reden, aber im Grunde ist es, als wäre man gerade Witwer geworden und jeder würde einen fragen, wie genau die Frau gestorben ist. Es ist ziemlich morbid. Es gab aber keine andere Möglichkeit. Ich habe es immer wieder verschoben, ich habe die Probleme weggeschoben, ich habe immer wieder alles auseinandergenommen. Wir haben bei *Der Hobbit* alles getan, was wir konnten – ich fühle mich wie der Typ in dem Realfilm, den Danny Boyle gerade abgedreht hat. Ich hing mit einem Arm so lang am seidenen Faden, dass man ihn letzten Endes abschneiden musste. Finde ich es gut, einen Arm weniger zu haben? Nein. Musste ich es tun? Ja.«

Er erklärte auch, dass er sich die *Hobbit*-Filme ansehen wird, wenn sie herauskommen, und dass sie ihm wahrscheinlich gefallen werden.

HAUPTMANN DER WACHE
Name: Hauptmann der Wache
Auch bekannt als: Hauptmann, Wachmann
Volk: Waldelben
Beschreibung: Die Elben des Düsterwaldes haben normalerweise goldenes Haar und helle Augen. Sie sind 1,80 Meter groß oder größer und tragen grüne und braune Kleidung. Der Hauptmann der Wache ist mit dem Kellermeister befreundet. Er arbeitet in den Verließen und mag Wein.

ITARIL
Einige Tolkien-Fans waren verärgert, als sie den Castingaufruf für Itaril lasen:

ITARIL – weiblich, eine Waldelbin. Diese Figur gehört zu den Silvan-Elben. Die Silvan-Elben sind robust und praktisch veranlagt. Sie ist kleiner als andere Elben, aber trotzdem schnell, geschmeidig und geschickt. Sie kann mit dem Schwert und dem Bogen umgehen. Da sie schon in jungen Jahren als gute Kämpferin galt, wurde ITARIL auserwählt, Mitglied der königlichen Wachen der Waldelben zu werden. Sie hat nie erwartet, ein anderes Leben als dieses zu führen, bis sie einen jungen ELBEN-LORD kennenlernt und sich heimlich in ihn verliebt. In dieser Rolle muss man eine Perücke und Kontaktlinsen tragen. Auch das Tragen von Prothesen wird wahrscheinlich nötig sein. HAUPTROLLE. ALTER: 17–27.

Die Fans mochten es nicht, dass der Regisseur Peter Jackson versuchte, mehr weibliche Charaktere in die Geschichte einzubauen. Brian Murphy fasste den Ärger der Fans in einem

Kommentar zusammen, den er auf *theblogthattimeforgot* hinterließ: »Ich wünschte mir wirklich, Jackson/Walsh/Boyens würden aufhören, sich anzubiedern. Ja, in *Der Hobbit* gibt es nur Männer. Na und? Es ist ein tolles Buch, das keine Veränderungen braucht.«

Andere Fans wollten erst einmal abwarten. Auf der Webseite *Middle-Earth Center* postete Guilemaster Folgendes: »Ich vertraue Peter Jackson. Ich vertraue ihm als Regisseur und ich weiß, dass er es besser machen wird als jeder andere. Man sollte ebenfalls bedenken, dass die Filme nicht nur auf *Der Hobbit* basieren. Sie werden auch Ereignisse zeigen, die zwischen *Der Herr der Ringe* und *Der Hobbit* passierten.«

Die irische Schauspielerin Saoirse Ronan ergatterte die Rolle, musste sie später aber wegen anderer Verpflichtungen wieder abgeben. Sie hatte bereits in Peter Jacksons Film *In meinem Himmel* (2009) mitgespielt, in dem sie Susie verkörpert. In einem Interview mit dem *Belfast Telegraph* sagte sie: »Das mit dem *Hobbit* wird wahrscheinlich leider nichts werden, weil ich damit ungefähr ein Jahr beschäftigt wäre und es andere Projekte gibt, an denen ich auch sehr interessiert bin. Pete und Fran waren echt nett und hatten Verständnis. Ich muss aber unbedingt mal in Neuseeland Urlaub machen und mit den Hobbits abhängen.«

Es gab keine weiteren Neuigkeiten zu der Rolle und die Fans hofften, dass Jackson beschlossen hatte, Itaril überhaupt nicht einzubeziehen.

JABEZ OLSSEN

Jabez Olssen ist der Cutter der *Hobbit*-Filme. Er hatte sich zusammen mit Michael Horton um den Schnitt von *Der Herr der Ringe – Die zwei Türme* gekümmert. Jabez stammt aus Dunebin in Neuseeland und war auch bei Peter Jacksons *In meinem Himmel*, bei der Serie *Cleopatra 2525* und den Kurzfilmen *Crossing the Line* und *Fog* für den Schnitt verantwortlich.

2003 gewann er den Best Editing Award bei den Online Film Critics Society Awards und den Best Editing Award bei den Las Vegas Film Critics Society Awards. Beide Preise hatte er gemeinsam mit seinem *Herr der Ringe*-Kollegen Mike Horton bekommen. Außerdem erhielt er eine Nominierung für einen BAFTA, musste sich aber Daniel Rezende geschlagen geben, der *City of God* geschnitten hatte.

1998 machte Jabez seinen Abschluss an der South Seas Film School. Seinen ersten Job hatte er bei der prestigeträchtigen Produktionsfirma Silverscreen, wo er lernte, mit dem modernsten Equipment umzugehen. Danach arbeitete er bei der Fernsehserie *Jack of All Trades*, wo er pro Folge circa sechzig visuelle Effekte erzeugte. Außerdem schnitt er Werbespots. Seinen Durchbruch hatte er, als ihn jemand für einen Job bei *Der Herr der Ringe* empfahl. Peter Jackson brauchte einen enthusiastischen Cutter, der in der Postproduktion ein Händchen für Special Effects hat. Bei seinem Vorstellungsgespräch erwies sich Jabez als der Richtige für den Job. Für ihn wurde damit ein Traum wahr.

Michael Horton schnitt *Der Herr der Ringe – Die zwei Türme* mit Peter Jackson, als Jabez gerade als Assistent anfing. Er war so eifrig und begabt, dass er alle beeindruckte, und Mike beschloss, sich den Schnitt mit ihm zu teilen. Das ist bemerkenswert, weil er das nicht hätte tun müssen. Danach arbeitete Jabez an weiteren Filmen von Jackson und wurde Cutter bei *In meinem Himmel* und *Der Hobbit*.

Während eines Webchats fragten Fans Peter Jackson, ob es Extended Editions von den *Hobbit*-Filmen geben wird. Seine Antwort lautete: »Um ehrlich zu sein, plant man Extended Editions nicht von vornherein. Eine Extended Edition ist das Ergebnis von übrig gebliebenen Szenen, die aus dem Kinofilm rausgeschnitten wurden. In einer idealen Welt ist das Drehbuch effizient und straff und deshalb fallen keine Szenen der Schere zum Opfer, dann gibt es auch keine Extended Edition. Als wir allerdings drei epische *Herr der Ringe*-Filme geschrieben haben, war es nicht möglich, den Prozess effizient zu gestalten. Die Extended Edition war das Ergebnis eines Prozesses. Unsere Gedankengänge während des Schreibens und Filmens werden auf der Leinwand sichtbar, dann gab es aber auch Szenen, die wir nicht mehr brauchten, als wir die Filme geschnitten hatten. Ob es eine Extended Edition vom *Hobbit* geben wird, hängt vom Schnitt des Films ab und davon, was wir übrig haben.«

Obwohl Jackson es nicht bestätigte, sagten die Fans voraus, dass es Extended Editions der Filme auf DVD und Blu-ray geben wird.

J. R. R. TOLKIEN UND SEINE BÜCHER

J. R. R. Tolkien war Schriftsteller, Poet, Dozent und Philologe. Er wurde am 3. Januar 1892 in Bloemfontein im heutigen Südafrika geboren und verbrachte seine Kindheit in der Nähe von Birmingham in England (siehe »Birmingham«). Sein Buch *Der Hobbit* gehört zu den größten Bestsellern aller Zeiten, die Erstausgabe erschien am 21. September 1937 in Großbritannien. Bis Dezember desselben Jahres waren alle 1500 Exemplare der ersten Auflage verkauft. Im darauffolgenden Jahr kam das Buch in

Amerika heraus. Es war auch dort ein großer Erfolg und gewann einen Best Juvenile Fiction Award der *New York Tribune*. Außerdem wurde es für die prestigeträchtige Carnegie Medal nominiert. Über die Jahre hat das Werk noch viele andere Preise gewonnen.

Das Buch wurde von George Allen & Unwin veröffentlicht, die Tolkien baten, eine Fortsetzung zu schreiben. Er schickte ihnen einen Entwurf von *Der Silmarillion*, aber man wollte lieber ein weiteres Buch über Hobbits. Tolkien schrieb dann zwischen 1937 und 1949 *Der Herr der Ringe* und änderte einiges in *Der Hobbit* ab, in der neuen Fassung wurden über die Jahre viele weitere Ausgaben veröffentlicht. Die *Herr der Ringe*-Bücher sind weniger humorvoll, sie wenden sich an ein älteres Publikum als *Der Hobbit*.

Mut, persönliche Entwicklung und Krieg sind die Hauptthemen in *Der Hobbit*. Tolkien hatte selbst als Soldat im Ersten Weltkrieg gekämpft, sodass er seine eigenen Kriegserfahrungen einbringen konnte. Beim Schreiben von *Der Hobbit* ließ er sich aber auch von Märchen und angelsächsischer Literatur beeinflussen. Nachdem er die Armee verlassen hatte, wurde er Professor für englische Sprache an der Oxford University.

Schon gewusst?

Tolkien schickte seinen Kindern gern Briefe vom Weihnachtsmann, die auch viele Zeichnungen enthielten. Darin berichtete der Weihnachtsmann von seinem Leben am Nordpol und von einem Polarbären, von Kobolden und Gnomen. Diese Briefe wurden posthum in dem Buch *Briefe vom Weihnachtsmann* veröffentlicht.

Die Geschichte, wie J. R. R. Tolkien dazu kam, *Der Hobbit* zu schreiben, ist ziemlich interessant. Als er Anfang der Dreißiger Arbeiten korrigierte, schrieb er aus heiterem Himmel auf ein leeres Blatt Papier den ersten Satz des Buches über einen Hobbit, der in einem Loch in der Erde lebte. Erst Ende 1932 hatte er die Geschichte beendet und beschlossen, sie an einige seiner Freunde zu schicken, um Feedback zu erhalten. Einer dieser Freunde war C. S. Lewis, der Autor von *Die Chroniken von Narnia*. Auch einer seiner Studentinnen, Elaine Griffiths, lieh er eine Kopie seines Manuskripts.

1936 hatte Elaine Besuch von Susan Dagnall, die bei dem Verlag George Allen & Unwin arbeitete. Ihr legte sie nahe, doch einmal Tolkiens Manuskript zu lesen. Das tat Dagnall prompt, und da sie ziemlich beeindruckt war, stellte sie es ihrem Chef, Stanley Unwin, vor. Auch er hatte Freude an der Geschichte, aber bevor er eine Entscheidung traf, gab er das Manuskript seinem damals zehnjährigen Sohn. Diesem gefiel es und der Rest ist bekannt.

Neben dem Text gestaltete Tolkien auch den Schutzumschlag, die Karten und Illustrationen von *Der Hobbit*. Er hatte genaue Vorstellungen davon, wie sein Buch aussehen sollte, und schickte seinem Verlag vor der Veröffentlichung viele Briefe. In seinen Memoiren berichtete Rayner Unwin, der Sohn von Tolkiens Verleger: »Allein 1937 schrieb Tolkien 26 Briefe an George Allen & Unwin. Diese waren detailliert, sprachgewandt, oft voller scharfer Kritik, aber unglaublich freundlich und ärgerlich genau. Ich bezweifle, dass heutzutage irgendein Autor, egal wie berühmt er ist, solch übertriebene Aufmerksamkeit bekommen würde.«

Tolkiens ursprüngliches Design für den Schutzumschlag war vierfarbig, aber aus Kostengründen verzichtete der Verlag auf die rote Sonne.

Einige Wissenschaftler und Tolkien-Fans sehen *Der Hobbit* als Parabel über den Ersten Weltkrieg. Als Guillermo del Toro noch für die Regie verantwortlich war, recherchierte er wochenlang zu diesem historischen Ereignis, um Tolkiens Denkweise zu verstehen. Manche Leute halten *Der Hobbit* und *Der Herr der Ringe* für reine Fantasy-Romane, aber Peter Jackson meinte gegenüber Sasha Stone vom *Mirror*: »Tolkien war nie der Meinung, dass er Fantasy-Literatur schrieb. Er liebte englische und nordische Sagen und fand, dass England seine Mythologie verloren hatte.«

Nach der Veröffentlichung von *Der Hobbit* schrieb Tolkiens Freund C. S. Lewis in der *Times*: »Die Wahrheit ist, dass in diesem Buch ein paar gute Dinge zusammenkommen, die nie zuvor vereint waren: Humor, Verständnis für Kinder und eine glückliche Vereinigung des Begreifens von Mythologie aus der Sicht eines Wissenschaftlers und aus der Sicht eines Poeten. Der Professor wirkt, als würde er nichts erfinden. Er hat Trolle und Drachen studiert und beschreibt sie mit einer Genauigkeit, die man einfach nur als ›Originalität‹ bezeichnen kann.« Der Schriftsteller W. H. Auden verkündete, dass das Buch »eine der besten Kindergeschichten des Jahrhunderts« sei.

Über die Jahre gab es viele Adaptionen von *Der Hobbit*. Die erste Bühnenfassung wurde im März 1953 an der St. Margaret's School in Edinburgh aufgeführt. Das Stück wurde von Mädchen gespielt, was etwas seltsam ist, da in dem Buch keine einzige weibliche Figur vorkommt. 1968 gab es eine Radioversion von BBC Radio 4 und 1966 erschien die erste Verfilmung – ein zwölf Minuten langer Trickfilm. 1989 wurde eine Comicbuch-Adaption veröffentlicht und 1977 kam ein Trickfilm heraus, der für einen Hugo Award in der Kategorie Best Dramatic Presentation nominiert war. In den letzten drei Jahrzehnten wurden mehrere Video- und Computerspiele entwickelt, die auf *Der Hobbit* basieren.

Man geht davon aus, dass seit der ersten Auflage von 1937 weltweit einhundert Millionen Exemplare von *Der Hobbit* verkauft worden sein könnten. Erstausgaben sind dermaßen begehrt, dass ein signiertes Exemplar schon mal 60.000 Pfund bei einer Auktion einbringen kann.

In einem Interview mit *Rotten Tomatoes* fasste Guillermo del Toro zusammen: »Das Buch ist ganz anders als die Trilogie. Es beginnt unschuldig und endet enttäuschend. Das Ende von *Der Hobbit* ist ziemlich bittersüß, irgendwie melancholisch. Bilbo wird dem Krieg ausgesetzt, genauso wie eine Generation englischer Männer dem Ersten Weltkrieg ausgesetzt wurden. Ich kann mich mit dem *Hobbit* identifizieren, weil alles aus der Perspektive eines bescheidenen, ehrlichen kleinen Kerls beschrieben wird. Ich sage nicht, dass Bilbo ein Kind ist. Das denke ich nicht, aber er ist eine behütete Figur und ich liebe das Abenteuer.«

In einem Interview mit *Total Film* sprachen Peter Jackson und Fran Walsh unter anderem über das Buch *Der Hobbit* und darüber, inwiefern es sich von den *Herr der Ringe*-Büchern unterscheidet. Peter sagte: »*Der Hobbit* ist vor allem ein Kinderbuch und *Der Herr der Ringe* ist etwas anderes, es zielt nicht auf Kinder ab. Ich habe erkannt, dass die Figuren der Zwerge den Unterschied ausmachen – ihre Energie und ihre Verachtung alles politisch Korrekten gibt dem Ganzen einen neuen Spirit. Die Zwerge sorgen für eine kindische, komische Art und einen Ton, der sich sehr von der *Herr der Ringe*-Trilogie unterscheidet.«

Fran fügte hinzu: »Wir haben *Der Hobbit* immer im goldenen Licht eines Märchens gesehen. Die Geschichte ist verspielter. Aber am Ende hat Tolkien sich an einen Ort geschrieben, an dem er die epische Reise der Schaffung von *Der Herr der Ringe* beginnen konnte, die ihm, wie er sagte, sein Lebensblut nahm. All diese schweren, dunkleren Themen, die in der späteren Trilogie so vorherrschend sind, kommen in *Der Hobbit* bereits ins Spiel.«

Schon gewusst?
Guillermo del Toro hat alle Bücher von Tolkien über Mittelerde gelesen, um sich darauf vorzubereiten, das Drehbuch zu *Der Hobbit* zu schreiben und Regie zu führen.

Obwohl *Der Hobbit* für Kinder geschrieben wurde, glaubten Guillermo del Toro und Peter Jackson, dass die Filme ruhig ein wenig düster werden könnten. In einem Chat mit Fans erklärte Peter Jackson 2008: »Ich persönlich habe das Gefühl, dass *Der Hobbit* einen anderen Ton haben kann und haben sollte. Der ›Ton‹ dieser Geschichten sollte nicht von dem Druck bestimmt werden, unter dem die Figuren in *Der Herr der Ringe* standen – zu der Zeit, in der *Der Hobbit* spielt, ist die Welt ein anderer Ort, es hat sich noch kein dunkler Schatten über sie gelegt. Allerdings sollte die Realität von Mittelerde erhalten bleiben und wir als Filmemacher sollten sie ernst nehmen.«

Im Laufe der Jahre wurde *Der Hobbit* in über fünfzig Sprachen übersetzt und jeden Tag entstehen weitere Übersetzungen des Buches. Im Deutschen gibt es zwei. Die ältere Fassung, die unter dem Titel *Der kleine Hobbit* bei dtv erscheint, stammt von Walter Scherf. Die neuere von Wolfgang Krege wird vom Verlag Klett-Cotta unter dem Titel *Der Hobbit oder Hin und zurück* herausgegeben.

Zur Freude der irischen Fans wurde *Der Hobbit* im Mai 2011 sogar auf Irisch veröffentlicht. Das irische Gälisch ist eine Minderheitensprache, in die aber mittlerweile viele Klassiker übertragen wurden. Als die *Harry Potter*-Bücher auf Irisch erschienen, erwiesen sie sich als großer Hit, aber Experten sagten voraus, dass *An Hobad* (*Der Hobbit*) das bestverkaufte Buch aller Zeiten in irischer Sprache werden würde. Die Fans hoffen, dass *Der Herr der Ringe* als Nächstes übersetzt wird. Die Buchpremiere fand im An Siopa Leabhar (The Book Shop) in Dublin statt und der Übersetzer, Professor Nicholas Williams, sowie der Verleger Michael Everson waren anwesend und beantworteten Fragen.

Schon gewusst?

Im Irischen gibt es kein Wort, das Elben beschreibt, wie sie in *Der Hobbit* vorkommen, also erfand man das Wort »Ealbh«.

Im September 2012 brachte HarperCollins eine lateinische Version von *Der Hobbit* mit dem Titel *Hobbitus Ille* heraus, um den 75. Geburtstag des Buches zu feiern. Die Übersetzung stammt von Mark Walker und die Verleger ließen verlauten, es sei »großartig für Schüler, die die Sprache lernen, aber auch für Fans, die einen Blick hineinwerfen und ihre Lieblingsstellen finden«.

Im April 2012 wurde verkündet, dass Tolkiens ältester Enkel – Michael Tolkien – zusammen mit Gerald Dickens, dem Ururenkel von Charles Dickens, zwei Fantasy-Bücher für Kinder herausbringen würde. Michael Tolkien wurde in Birmingham geboren. Er ist ein begeisterter Poet und Kritiker, eine Lehrtätigkeit beendete er 1994. Die beiden Bücher basieren auf Geschichten, die Tolkien seinem Enkelsohn vorgelesen hat. Gerald Dickens wird die Hörbücher einlesen. Das erste Buch heißt *Wish,* es ist von Florence Bones Geschichte *The Rose-Coloured Wish* von 1923 inspiriert. *Rainbow* ist der Titel des zweiten Buches, das ebenfalls von einem Werk von Florence Bone beeinflusst ist, und zwar von der Geschichte *The Other Side of the Rainbow.*

Tolkien-Fans hoffen, dass die *Hobbit*-Filme die Menschen dazu bringen werden, auch das Buch in die Hand zu nehmen und zu lesen und nicht nur die Filme zu genießen, denn auch wenn diese dem Buch treu geblieben sind, gibt es doch Unterschiede. Jedes Jahr am 25. März findet der Tolkien Reading Day statt, eine gemeinsame Initiative der Tolkien Society und der Fanseite *TheOneRing.* Man will die Menschen dazu ermuntern, mal wieder ein klassisches Tolkien-Buch zu lesen.

KILI

Name: Kili
Volk: Zwerge, Durins Volk
Gespielt von: Aidan Turner
Beschreibung: Kili ist ein junger Zwerg mit einem gelben Bart, einem silbernen Gürtel und einer blauen Kapuze. Er spielt Geige. Als Bilbo ihm zum ersten Mal begegnet, trägt er einen Spaten und einen Sack mit Werkzeugen. Er ist der Bruder von Fili und der Neffe von Thorin.

Kili wird von dem irischen Schauspieler Aidan Turner gespielt, der in Clondalkin geboren wurde und in Tallaght, einem Vorort von Dublin, aufwuchs. International ist er für seine Rolle als Vampir Mitchell in der BBC3-Serie *Being Human* und als Bedoli in *Die Tudors* bekannt. In Irland verbindet man mit ihm vor allem die Rolle als Ruairí McGowan in der Krankenhausserie *The Clinic*.

Aidan hat auch schon in Filmen mitgespielt, allerdings in eher unbekannten. Er spielte John Schofield in dem Fernsehfilm *Hattie* (2011) und Theodoro in dem Kurzfilm *Matterhorn* (2007).

Schon gewusst?
Aidan wollte gern Ski fahren, während er in Neuseeland wohnte, aber er befürchtete, dass man ihm das nicht erlauben würde, weil er sich dabei verletzen könnte.

Die anderen Zwerge ziehen Aidan gern auf und in einem der Produktionsvideos scherzte James Nesbitt (Bofur): »Aidan Turner ist der sexy Zwerg. Ich glaube, er hat nicht mal einen Bart. Das liegt daran, weil er noch nicht alt genug ist, dass ihm einer wächst.«

LEGOLAS

Name: Legolas
Auch bekannt als: Legolas Grünblatt
Volk: Sindar-Elben
Gespielt von: Orlando Bloom
Beschreibung: Legolas ist groß und blond, hat strahlende Augen und kleidet sich in Grün und Braun. Er ist ein begabter Bogenschütze.

Orlando Bloom verkörpert Legolas in *Der Herr der Ringe* und *Der Hobbit.* Anfangs waren die Fans empört, als sie hörten, dass Legolas in den *Hobbit*-Filmen auftauchen würde, denn im Buch wird er nicht erwähnt. Aber Peter Jackson versicherte, dass man ihn in gebührender Weise einbauen würde. Der Regisseur schrieb auf seiner Facebook-Seite: »Vor zehn Jahren hat Orlando Bloom mit seiner Darstellung von Legolas eine kultige Figur geschaffen. Ich freue mich sehr, heute bekannt zu geben, dass wir Mittelerde noch einmal mit ihm besuchen werden. Ich bin begeistert, wieder mit Orlando zusammenzuarbeiten. Das Lustige ist, dass ich inzwischen älter aussehe und er nicht! Ich schätze, darum gibt er einen so wunderbaren Elben ab.«

Orlando Bloom ist ein britischer Schauspieler, der in Canterbury, Kent, geboren wurde. Als er vier war, starb Harry Bloom, der Mann, den er für seinen Vater hielt, an einem Schlaganfall. Orlando und seine Schwester Samantha wurden von ihrer Mutter Sonia und einem Freund der Familie namens Colin Stone aufgezogen. Mit 13 erfuhr Orlando, dass Colin tatsächlich sein biologischer Vater ist.

In der Schule spielte Orlando gern Theater, und nachdem er einmal zu Weihnachten *Haie der Großstadt* gesehen hatte, wollte er wie Paul Newman sein – er wollte Schauspieler werden. Orlando trat einer Laientheatergruppe bei und nahm mit seiner Schwester an Wettbewerben teil, bei denen man Gedichte und Bibelstellen rezitierte. Die beiden gingen häufig als Sieger nach Hause.

Schon gewusst?
Bei seinem ersten Job arbeitete Orlando Bloom an der Wurfmaschine beim Tontaubenschießen.

Als er 16 wurde, zog Orlando nach London und schrieb sich am National Youth Theatre ein. Er war so talentiert, dass er ein Stipendium für die British American Drama Academy erhielt. In den Fernsehserien *Barnaby*, *Casualty* und *Smack the Pony* hatte er kleine Gastrollen. Der erste Film, in dem er mitspielte, war *Oscar Wilde* (1997), bei dem auch Stephen Fry, Jude Law und Michael Sheen zur Besetzung gehörten.

Orlando war immer versessen darauf, so viel zu lernen, wie er nur konnte, um ein besserer Schauspieler zu werden, deshalb besuchte er die Guildhall School of Music and Drama. 1998 hatte er einen schrecklichen Unfall. Er fiel von einer Dachterrasse und brach sich das Rückgrat. Es ist erstaunlich, dass er sich davon wieder voll und ganz erholt hat und schon bald wieder mit seinen Kommilitonen auf der Bühne stehen konnte. Im darauffolgenden Jahr erlebte Peter Jackson ihn bei einem seiner Auftritte und bat ihn danach, für *Der Herr der Ringe* vorzusprechen. Sein Vorsprechen war erfolgreich und er erhielt die Rolle des Legolas. Nach seinem Studienabschluss zog er dann mit den anderen Schauspielern der Filme nach Neuseeland.

Filmfakt
Orlando hat ein Tattoo über seinem rechten Handgelenk – das Wort »neun« in Tengwar (Elbisch). Es ist ein Symbol dafür, dass Legolas zu den neun Gefährten gehörte.

Orlando Bloom war nicht der Einzige, der sich als Mitglied der Gefährten ein Tattoo stechen ließ. All die anderen Schauspieler bis auf John Rhys-Davies (Gimli) ließen sich ebenfalls tätowieren.

Statt John bekam sein Stuntdouble ein Tattoo! Sie sprachen mit dem *Der Herr der Ringe*-Fanclub darüber.

Dominic Monaghan (Merry) verriet: »Ein Typ namens Roger hat uns in Roger's Tattoo Parlour in Wellington tätowiert. Sein Laden war eigentlich sonntags geschlossen, aber wir hatten nur an einem Sonntag frei. Weil wir die Idee alle gut fanden, hat Viggo ihn angerufen. Er sagte: ›Wir wissen, dass du am Sonntag nicht auf hast, aber du wirst es nicht bereuen.‹ Wir kamen um elf dort an. Es war wie eine Party. Wir haben Fotos gemacht und in Tagebücher geschrieben. Ich glaube, für mich war das einer der schönsten Tage in Neuseeland. Ich zeig euch mal meins.« Dann hob er sein T-Shirt hoch und zeigte seine Schulter.

Billy Boyd (Pippin) fügte hinzu: »Wir haben uns die Tattoos natürlich schon eine Woche vor Ende der Dreharbeiten stechen lassen und dabei habe ich nicht wirklich vorausschauend gedacht. Schließlich mussten wir noch eine Woche die falschen Füße tragen! Ich hatte das Tattoo am Fuß und Sean auch. Die Füße mussten angeklebt werden – das war ziemlich schmerzhaft.«

Sir Ian McKellen war selbst überrascht darüber, dass er sich auch ein Tattoo stechen ließ, denn er hatte nie daran gedacht, jemals eines zu haben. Während eines Interviews mit dem Journalisten Michael Parkinson verriet er, dass sie in einem Tattoostudio waren und er sein Tattoo an der Schulter hat.

Bei seiner Ankunft am Set von *Der Hobbit* erkannte Orlando viele der Crewmitglieder wieder, die schon bei den *Herr der Ringe*-Filmen dabei gewesen waren.

Er war überrascht, wie leicht es ihm fiel, wieder in die Haut von Legolas zu schlüpfen. Im Oktober 2011 erzählte er Collider. com: »Es ist verrückt, die Perücke passt immer noch. Es ist dieselbe wie damals. Auch das Kostüm passt. Dasselbe Kostüm. Ich trage nicht – darüber werde ich nicht reden. Ich kann euch nichts weiter erzählen.«

LINDIR

Name: Lindir
Volk: Elben aus Bruchtal
Gespielt von: Bret McKenzie
Beschreibung: Lindir ist ein Elb aus Bruchtal, der in *Der Hobbit* eigentlich nicht vorkommt, aber im ersten Kapitel von *Die Gefährten*, dem ersten Teil von *Der Herr der Ringe*.

Lindir wird von Bret McKenzie verkörpert. Der Schauspieler stammt aus Wellington in Neuseeland und spielte bereits im ersten und dritten *Herr der Ringe*-Film einen Elben. Im ersten Film hatte er keinen Text, da er nur als Statist eingesetzt war, aber weil sich im Internet Tausende Fans für ihn begeisterten, durfte er im dritten Teil einen Satz sprechen. Peter McKenzie, sein Vater, spielte Elendil im Prolog. Um mehr über den Elben herauszufinden, den die Fans Figwit nennen, sollte man sich die Webseite www. figwitlives.net ansehen. Auf dieser Seite findet man auch die Erklärung, wie er zu dem Namen Figwig kam: »Als Frodo sagt: ›Ich nehme den Ring!‹, sind wir total beeindruckt und denken: Frodo ist großartig! Aber dann sieht man Figwit im Hintergrund geheimnisvoll schauen. Alle anderen Gedanken werden von diesem Elben vertrieben – wer ist das? Er ist umwerfend!« Figwit ist also die Abkürzung für »Frodo is great … who is that?«.

Als Bret gecastet wurde, schrieb Ian McKellen in seinem Blog: »Ein weiterer schlanker Elb, der aus *Der Herr der Ringe* zurückkehrt, ist ein Einheimischer: der neuseeländische Schauspieler/ Comedian/Sänger Bret McKenzie. Letztes Mal war er ein Statist in Bruchtal, dem Letzten Heimischen Haus der Elben im Osten. Unter einem Baum sitzend verfolgt er Elronds Rat und ist Zeuge, wie die Gefährten zusammenfinden. Er ist zwar stumm, wird von den Fans des Schönen aber wahrgenommen, die ihm das Akronym F.I.G.W.I.T. (Frodo Is Great! Who Is That?) verpassten.

Ich gebe zu, dass Gandalf ihn nicht beachtet hat, weil er von der Handlung um die Hauptfiguren abgelenkt war.«

Bret ist nicht nur Schauspieler, sondern auch ein begeisterter Musiker. Er war ursprünglich Mitglied der Band The Black Seeds. 2009 veröffentlichte er ein Soloalbum mit dem Titel *Prototype*. Zusammen mit seinem Freund Jemaine Clement bildet er das Grammy-preisgekrönte Comedy-Duo The Flight of the Conchords, das bei vielen Fans auf der ganzen Welt Kultstatus genießt. Bret gewann einen Oscar für einen Song, den er für *Die Muppets* (2011) geschrieben hat. Jemaine war schon einmal für einen Emmy nominiert.

Schon gewusst?
Bret und Jemaine haben in einer Folge der *Simpsons* Figuren gesprochen, und zwar in der ersten Folge der 22. Staffel mit dem Titel *Grundschul-Musical*.

LOCATIONS

Die Leute lieben die *Herr der Ringe*-Filme auch wegen der großartigen neuseeländischen Landschaft und wegen der Locations, an denen man gedreht hatte. Bei den *Hobbit*-Filmen wollten Peter Jackson und sein Team sicherstellen, dass die Landschaften und Locations genauso gut waren, wenn nicht gar noch besser. Man engagierte Jared Connon als Haupt-Location-Manager und der versuchte, mit seinem großen Team die besten Locations ausfindig zu machen, eine Dreherlaubnis zu erhalten, die nötigen Veränderungen vorzunehmen, alles zu beaufsichtigen und - wenn die Dreharbeiten begonnen hatten - zu klären, was als Nächstes getan werden muss. Seine Karriere hatte er als Location Assistant bei der Neunzigerjahreserie *High Tide – Ein cooles Duo* und den Filmen *Heaven* und *The Chosen* begonnen. Als Location Manager arbeitete er beim ersten *Herr der Ringe*-Film zum ersten Mal und seither hat er viele Male mit Peter Jackson zusammengearbeitet – bei den anderen *Herr der Ringe*-Filmen, bei *In meinem Himmel* und bei *King Kong*.

Jared musste wissen, welche Locations für *Der Hobbit* gebraucht wurden. Wenn er einen perfekten Ort gefunden hatte, musste er herausbekommen, ob dieser auch zugänglich genug war. Da Hunderte von Crewmitgliedern zu den verschiedenen Locations gebracht werden mussten, hatte er zu entscheiden, ob die Straßen geeignet waren und ob es genug Platz für all die Zelte und mobilen Toiletten gab.

Im fünften Produktionsvideo berichtete er: »Wir drehen bei diesem Projekt hauptsächlich draußen, um die malerische Schönheit Neuseelands einzufangen. Peter hat oft gesagt, dass die *Herr der Ringe*-Reihe die Fans unter anderem wegen der unglaublichen Kulissen und Landschaften überzeugt hat.«

Er fuhr fort: »Alles muss transportiert werden. Es ist beängstigend, dass alles auf Trucks verladen werden und auf Rädern sein muss. Alles muss bereit sein. Eine der größten Herausforderungen der Produktion ist es, mit dem ersten und zweiten Stab alle Locations hintereinander zu drehen.«

Peter Jackson meinte: »Wir sind kreuz und quer durch Neuseeland gereist, als wir die Außenaufnahmen für den *Hobbit* gedreht haben. Es war toll, mal rauszukommen. Es war toll, die Atmosphäre Mittelerdes in den Film gebannt zu bekommen, nachdem wir so viele Wochen im Studio gedreht haben. Wir haben unsere Figuren eingeführt, wir haben unsere Geschichte eingeführt und es war endlich an der Zeit, aufzubrechen und die Landschaft von Mittelerde einzuführen.«

Schon gewusst?
Das Team hatte 110 Tage im Studio gedreht, bevor es zu Außenaufnahmen aufbrach!

Als die Crew unterwegs war, musste viel organisiert werden. Peters Crew bestand aus fünfhundert Leuten und Andys aus zweihundert. Produktionsleiterin Brigitte Yorke war dafür verantwortlich, dass alles glatt über die Bühne ging. Sie hatte alle Hände voll zu tun, denn jedes Mal waren 140 Trucks und andere Fahrzeuge beteiligt. Auch die Produktionsleiterin Stephanie Weststrate war fleißig an der Organisation beteiligt.

Jared war noch unter Guillermo del Toro engagiert worden, aber viele der Locations, die er ausgesucht hatte, wurden dann auch von Peter Jackson verwendet. Er hat ein tolles Verständnis von Mittelerde, am Anfang des Prozesses studierte er das Skript ganz genau und stellte eine Liste mit den verschiedenen Locations zusammen, die man brauchte. Zuerst sprach er sich dabei mit Guillermo und dann mit Peter ab. Sie teilten ihm mit, was sie draußen drehen wollten und was im Studio. Dann flogen Leute aus dem Locationteam mit Hubschraubern über Neuseeland und nahmen Fotos von potenziellen Locations auf. Danach setzte man sich zusammen, sah sich die Fotos an und wählte die Orte aus, die am vielversprechendsten erschienen. Auch wenn Jared davon überzeugt war, dass eine bestimmte Location genau die richtige war, mussten Jackson und andere Leute es sich erst selbst ansehen, bevor Verträge mit den Landbesitzern geschlossen werden konnten. Jeder Drehort musste Peters Vorstellungen genau entsprechen.

Einige Zuschauer denken, dass ein Film in chronologischer Abfolge entsteht, aber das ist nicht der Fall. Regisseure drehen die Szenen durcheinander und bei Drehs, die draußen stattfinden, filmen sie so viele Szenen wie möglich am selben Ort, um Zeit und Geld zu sparen. Bei den Dreharbeiten in Hobbingen wurde an einem Tag Bilbos Aufbruch gedreht und am nächsten seine Heimkehr!

Der Location-Block der Dreharbeiten dauerte ungefähr siebeneinhalb Wochen. Die erste Location war Matamata.

Schon gewusst?

Als sie die kleine Stadt Te Kuiti besuchten, gab es dort nicht genug Hotels, um all die Schauspieler und Crewmitglieder unterzubringen. Deshalb öffneten die Bewohner ihre Häuser, damit alle einen Platz zum Schlafen fanden.

Peter und Andy verbrachten viel Zeit getrennt und drehten an verschiedenen Orten. In einem der Produktionsvideos kamen Andy und sein Team zu Wort. Er sagte: »Ich habe einen großen Teil der letzten Wochen in einem Helikopter verbracht, weil wir viele Luftaufnahmen machen mussten. Wir sind gestartet und haben unsere Flugbahn danach gewählt, was wir uns ausgedacht hatten, wie wir die Landschaft zeigen wollten.«

Liz Tan, die erste Regieassistentin des Second-Unit-Regisseurs, fügte hinzu: »Wenn man Teil der Second Unit ist, hat das den Vorteil, dass man an vielen Locations dreht, die zu knifflig oder zeitaufwendig für das Hauptteam sind. Zu vielen unserer Drehorte kam man nur mit dem Helikopter. Wir sind jetzt sehr gut darin, Helikopter zu be- und entladen.«

Andy wollte Peter ständig darüber informieren, was die Second Unit gemacht hatte, deshalb schnitt er jeden Tag die neuen Aufnahmen und schickte sie dem Regisseur. Da einige der Locations völlig abgelegen waren, musste man Satellitenschüsseln aufstellen, um den dringend benötigten Zugang zum Internet zu gewährleisten.

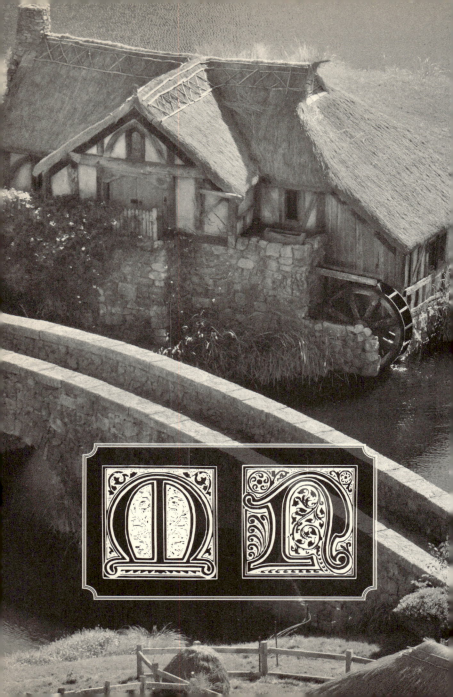

MITTELERDE

Der fiktive Kontinent Mittelerde ist der Schauplatz der Bücher *Der Hobbit* und *Der Herr der Ringe*. J.R.R. Tolkien schuf für seine Erzählungen eine Welt mit einer eigenen Geschichte und eigenen Völkern. So sind zum Beispiel Hobbits, Elben, Menschen, Zwerge, Ents, Orks, Warge und andere Lebewesen in Mittelerde beheimatet. Da der Schriftsteller auch Sprachwissenschaftler war, erfand er für die verschiedenen Völker auch Sprachen und Schriften.

Seit die *Herr der Ringe*-Filme vor über zehn Jahren in Neuseeland gedreht wurden, erlebt das Land, das Mittelerde zum Leben erweckt hat, einen wahren Touristenboom. Viele Fans der Trilogie besuchen den Inselstaat und lassen sich von der atemberaubenden Landschaft verzaubern (siehe auch »Neuseeland«).

NEBELGEBIRGE

Ursprünglich wollten Peter Jackson und sein Location-Team das Nebelgebirge, das Bilbo und die Zwerge auf ihrem Abenteuer überqueren, am Mount Ngauruhoe ansiedeln, aber man erhielt dafür keine Genehmigung. Das muss frustrierend gewesen sein, denn der Vulkan wäre perfekt gewesen. In den *Herr der Ringe*-Filmen hatte man ihn als Schicksalsberg benutzt.

Das lokale Maori-Iwi, die größte soziale Einheit der Maori, wollte jedoch nicht, dass dort Dreharbeiten stattfinden, weil der Mount Ngauruhoe und seine Umgebung von ihnen als heilig betrachtet werden.

Jackson und sein Team beschlossen, stattdessen den Mount Ruapehu auszuwählen, der südlich des Mount Ngauruhoe liegt. Mount Ruapehu ist der höchste Berg der Nordinsel. Auch dieser

Vulkan wird von den Maori als heilig betrachtet und es gilt als un-höflich, die Bergspitzen zu fotografieren. Deshalb ging Peter einen Kompromiss ein: Sie würden die Schlachten an den Hängen drehen und die Gipfel später digital ergänzen, und zwar mit Material von Vulkanen aus anderen Gegenden der Welt. Die Volksstämme Ngati Rangi und Ngati Uenuku waren damit einverstanden und wollten ein Powhiri veranstalten, eine Willkommenszeremonie der Maori mit Tänzen, Reden und Liedern.

Die Schauspieler und Crewmitglieder hatten nur einen Tag in der Woche frei, weshalb niemand aus dem Produktionsteam er-wartete, dass viele von ihnen Maungarongo Marae an ihrem freien Tag besuchen würden. Man erwartete etwa dreißig Menschen, aber es kamen 130. Alle Hauptdarsteller waren da, weil sie den Maori ihren Respekt erweisen und ihnen zeigen wollten, dass sie es sehr schätzten, dort drehen zu dürfen. Die Ngati Rangi führten einen Haka, einen traditionellen Ritualtanz, vor und schickten einen Krieger, der die Besucher begutachten sollte – dies nennt sich Tikanga. Die Schauspieler und Crewmitglieder durften das Feld (Marae aitea genannt) noch nicht betreten, aber als der Produktionsleiter Zane Weiner einen Farn, der den Frieden symbolisiert, von dem Krieger entgegengenommen hatte, durften alle auf die Marae aitea.

Das war für alle Anwesenden sehr berührend, jeder lauschte gespannt den Reden der Repräsentanten der Filmcrew, der Ngati Rangi und der Ngati Uenuku. Sir Ian McKellen sagte: »Ihr hättet zu Gandalf dem Grauen auch sagen können: ›Du kannst nicht vorbei‹, aber das habt ihr nicht.« Nach jeder Rede gab es ein Lied, und nachdem Ian gesprochen hatte, sangen die Schauspieler, die die Zwerge spielen, die Ballade der Nebelberge aus dem Buch *Der Hobbit*.

Bevor man sich wieder trennte, wurde noch ein Hongi durch-geführt. Die Schauspieler und Crewmitglieder stellten sich hintereinander auf und gingen an den Maori vorbei. Sie mussten Hände schütteln und sich dann nach vorn beugen, sodass sich die Stirnen und Nasen berührten. Dadurch wurden sie zu Tangata Whenua (Menschen des Landes).

Schon gehört?
Während des Drehs an diesem Ort war die ganze Zeit ein Maori bei der Crew anwesend, um sie zu beschützen – »um sie vor dem Berg zu schützen und den Berg vor ihnen«. Außerdem mussten alle Respekt zeigen, indem sie jeden Tag »Guten Morgen, Koro [Großvater]« und »Guten Abend, Koro« zum Berg sagten. Bei den Dreharbeiten auf dem Berg durften nur die wichtigsten Crewmitglieder und Schauspieler dabei sein, weil an den Abhängen viele gefährdete Mose wachsen. Gerüste mit Rampen und Laufstegen wurden aufgebaut, damit man sich bewegen konnte, ohne das Moos zu beschädigen.

NEUSEELAND

In den letzten zehn Jahren wurde Neuseeland für viele Schauspieler und Crewmitglieder von *Der Hobbit* und *Der Herr der Ringe* zu einer zweiten Heimat. Der Regisseur Peter Jackson fasste es gut zusammen, als er sagte: »Neuseeland ist kein kleines Land, sondern ein großes Dorf.«

Kurz nachdem die meisten Schauspieler hierher gezogen waren, ereignete sich in Christchurch ein großes Erdbeben und alle erinnern sich noch gut daran. Sie nahmen an der Schweigeminute teil, die es eine Woche nach der Katastrophe gab. Dabei standen sie im Verpflegungszelt und dachten an das, was passiert war. Mark Hadlow (Dori) war besonders betroffen, weil Christchurch ihm so viel bedeutet. Er hat dort oft Theater gespielt.

Als Ian McKellen (Gandalf) herausfand, dass das Isaac Theatre Royal in Christchurch wegen baulicher Mängel vorübergehend geschlossen werden musste und viel Geld brauchte, um wieder eröffnet werden zu können, beschloss er, eine Ein-Mann-Show auf die Beine zu stellen.

Obwohl er damals mit den *Hobbit*-Dreharbeiten beschäftigt war, wollte er Geld für das Theater sammeln. Ein Jahr zuvor war er hier mit *Warten auf Godot* aufgetreten, weshalb er eine persönliche Verbindung zu diesem Theater hatte. Einige seiner Requisiten hatten das Erdbeben unbeschadet überstanden, was Sir Ian als ein Zeichen ansah.

Er erzählte TVNZ: »Ich liebe dieses wunderschöne alte Theater und möchte dabei helfen, es so schnell wie möglich wieder instand zu setzen. Nur ich spiele mit. Es gibt keine Hunde, keine Hobbits. Nur Ian McKellen. Aber Tolkien, Shakespeare und ihr seid dabei, ihr als Publikum.«

Es fanden auch andere Events statt, um Geld für das Theater zu sammeln, unter anderem eine Online-Auktion vom 24. bis zum 30. Mai 2012 auf *Trademe*. Peter Jackson, Stephen Fry und Mark Hadlow (Dori) ließen diverse Dinge versteigern, genauso wie Orlando Bloom, Beyoncé und Dame Maggie Smith. Darunter waren zum Beispiel signierte Drehbücher, Poster, Kunstwerke, DVDs und CDs.

Nicht nur die Schauspieler und Crewmitglieder haben sich in Neuseeland verliebt, sondern auch die Tolkien-Fans, denn ein Besuch dieses Landes kommt einer Reise nach Mittelerde sehr nah. Nach der Veröffentlichung von *Der Herr der Ringe* boomte der Tourismus und in Neuseeland hofft man, dass die *Hobbit*-Filme einen ähnlichen Effekt haben werden.

Der Geschäftsführer von Tourism New Zealand, Kevin Bowler, sagte gegenüber *NZ Newswire*: »Wir sind sehr zuversichtlich, was die Zukunft der *Hobbit*-Filme angeht. Wir wissen, dass *Der Herr der Ringe* als Film ein großer Erfolg war, aber als indirekte Werbung für Neuseeland ebenso.«

Er verriet auch, dass der größte Teil ihres Marketingbudgets von 65 Millionen Dollar für Dinge ausgegeben würde, die etwas mit *Der Hobbit* zu tun hatten. Auf den DVDs und Blu-rays der *Hobbit*-Filme werden Werbetakes für Neuseeland zu finden sein, mit denen man die Fans einladen möchte, nach Mittelerde (Neuseeland) zu kommen.

Am liebsten besuchen die Fans Hobbingen, das sich auf dem Land der Familie Alexander in der Nähe von Matamata auf der Nordinsel befindet. Bevor Peter Jackson und Co. in ihr Leben traten, hatte die Familie mit 13.000 Schafen und 300 Mastrindern ihrer Farm alle Hände voll zu tun. Heute kommen jede Woche Hunderte Besucher, die Bilbos Zuhause sehen wollen.

Peter Jackson entdeckte den Ort 1998, als er mit einem Helikopter nach möglichen Locations für *Der Herr der Ringe* suchte. Er fand, dass die Farm genauso aussah, wie Tolkien das Auenland beschrieben hatte. Nachdem er mit der Familie und den Bossen von New Line Cinema gesprochen hatte, wurde ein Vertrag aufgesetzt. Auch die Crew war der Meinung, dass das unberührte Farmland mit der großen Kiefer am Ufer eines Sees perfekt war, und man begann, die Location für die Dreharbeiten vorzubereiten.

Der Produktionsdesigner Dan Hennah erinnerte sich im fünften Produktionsvideo, wie man diese Location gefunden hatte: »Wir hatten so ziemlich das ganze Land nach einer hügeligen Landschaft abgesucht. Schließlich fanden wir die Buckland Road. Als wir darüberflogen, entdeckten wir den runden Baum, den Hügel, den See – es sollte einfach so sein. Dann mussten wir mit den Eigentümern des Landes reden, ihre Erlaubnis einholen und alles aufbauen.«

Schon gewusst?
Peter Jackson klopfte persönlich an die Tür des Farmhauses und bat darum, dass man auf dem Land drehen durfte. Es war an einem Sonntagnachmittag und die Familie sah sich gerade ein Rugbyspiel im Fernsehen an. Der Besitzer der Farm hatte noch nie von *Der Herr der Ringe* gehört, seine Söhne aber schon.

Im darauffolgenden März brachte die neuseeländische Armee eine Flotte von Trucks, Baggern, Walzen und Bulldozern an den Ort, an dem Hobbingen entstehen sollte, und man begann mit dem Aufbau des Dorfes. Insgesamt brauchte man neun Monate, bis alles so aussah, wie es sollte, und die Straßen fertig waren. Für *Der Herr der Ringe* hatte man 37 Hobbit-Höhlen in Hobbingen gebaut. Der Baum, der über Beutelsend steht, wurde in Matamata abgeholzt, zerlegt, nach Hobbingen gebracht und dort wieder zusammengesetzt. Jedes Teil war nummeriert worden, sodass man den Baum wieder richtig hinbekam. Dann mischte man noch ein paar falsche Blätter unter die echten, damit die Krone schön voll aussah.

Damals bestanden die Hobbit-Höhlen übrigens aus Styropor. Das Dorf war nicht von Dauer. Nach der letzten Szene wurde es wieder abgebaut. Als die *Hobbit*-Filme grünes Licht bekamen, musste man alles wieder neu aufbauen, aber dieses Mal sollte Hobbingen für immer bestehen bleiben. Im Januar 2009, als Guillermo del Toro noch Regie führen sollte, begannen die Bauarbeiten. Damals ging man noch davon aus, dass die Dreharbeiten Anfang 2010 beginnen würden. Man ahnte noch nicht, dass es einige Verzögerungen geben würde.

Schon gewusst?

Das Gasthaus »Zum grünen Drachen« wurde mit einem funktionierenden Kamin und mit Abwasserleitungen ausgestattet, sodass es eines Tages eine richtige Kneipe werden könnte.

Als der Regisseur Peter Jackson am ersten Tag der Außenaufnahmen in Hobbingen ankam, war er verblüfft. In einem der Produktionsvideos sagte er: »Hobbingen sieht fantastisch aus. Das Art Department und die Pflanzenabteilung haben fast zwei Jahre daran gearbeitet. Das Gras ist gewachsen, die Blumen blühen − sogar die aus Plastik! Es ist seltsam, wenn man an einen Ort zurückkommt, von dem man dachte, dass man ihn nie wiedersehen würde. Als ich da mit Elijah stand, der als Frodo zurechtgemacht war, kam das einer Zeitreise schon sehr nahe.«

Wer eine Reise nach Hobbingen macht, sieht die Flüsse, Brücken und runden Eingangstüren der vielen Hobbit-Höhlen.

Filmfakt

Für das permanente Hobbingen baute man 44 Hobbit-Höhlen (statt 37) und alle waren ein bisschen unterschiedlich. Für die Dekoration war Ra Vincent verantwortlich, ein Bildhauer und Art Director aus Neuseeland.

Der zweite Ort, den die Fans gern besichtigen, sind die Stone Street Studios in Wellington. Dort wurden die Szenen vor der Green Screen gedreht. Auch die Aratiatia-Stromschnellen sind ein beliebtes Ausflugsziel. Dort entstanden die Szenen mit den Fässern. Es gibt so viele Orte in Neuseeland, die eine Verbindung zu den *Hobbit*-Filmen haben. Man kann diese auf eigene Faust erkunden oder eine *Hobbit*-Tour mitmachen.

NORI

Name: Nori
Volk: Zwerge, Durins Volk
Gespielt von: Jed Brophy
Beschreibung: Nori hat zwei Brüder, Dori ist älter und Ori ist jünger als er. Nori, der eine purpurrote Kapuze trägt, hat keine Angst davor, Risiken einzugehen, und achtet nicht immer das Gesetz. Die Brüder sind entfernt mit Thorin verwandt und spielen Flöte.

Nori wird von dem Neuseeländer Jed Brophy gespielt, der über die Jahre schon viele Male mit Peter Jackson zusammengearbeitet hat. Jed kam eher durch Zufall zur Schauspielerei. Er studierte an einer italienischen Universität, als er sich das Stück *Wednesday to Come* mit Miranda Harcourt ansah. Das gefiel ihm so sehr, dass er beschloss, Schauspieler zu werden. Er belegte zunächst einen Kurs und besuchte dann eine Schauspielschule. 2005 spielte er den Ted in einer Inszenierung von *Wednesday to Come*. Seltsamerweise spielte auch diesmal wieder Miranda Harcourt mit – sie verkörperte Teds Schwägerin Iris.

Außerdem spielte Jed die Rolle des Void in der Horrorkomödie *Braindead*, John/Nicholas in *Himmlische Kreaturen* und Snaga und Sharku in den *Herr der Ringe*-Filmen. Und er trat in *King Kong* und *District 9* auf. Nach den Dreharbeiten zu *Der Herr der Ringe – Die Rückkehr des Königs* beschloss Jed, das Pferd zu kaufen, auf dem er im Film geritten war. Er ist ein sehr guter Reiter und trainiert gern Pferde.

Seit den *Herr der Ringe*-Filmen ist Jed oft zu Gast bei *Herr der Ringe*-Conventions und er mag es, die Fans kennenzulernen, die ihn vielleicht nicht unbedingt erkennen, weil er in den Filmen stark verkleidet auftritt. Es dauerte jeden Tag sechs Stunden, ihn in Sharku zu verwandeln. Seine Arbeitszeit begann also um zwei Uhr nachts. Nach Drehschluss brauchte man noch einmal zwei

Stunden, um die Maske wieder zu entfernen. Das war ziemlich hart, denn dazwischen lagen zwölf Stunden Dreharbeiten. Auf den Conventions auf der ganzen Welt gibt Jed Autogramme, spielt einige Szenen nach und erzählt den Fans ein paar Anekdoten von hinter den Kulissen.

Schon gewusst?

Jeds Sohn Sadwyn Brophy spielte in *Der Herr der Ringe – Die Rückkehr des Königs* Eldarion, Aragorns und Arwens Sohn. In seiner Freizeit schreibt Jed Drehbücher. Momentan arbeitet er an einem, das einen Roman zur Grundlage hat.

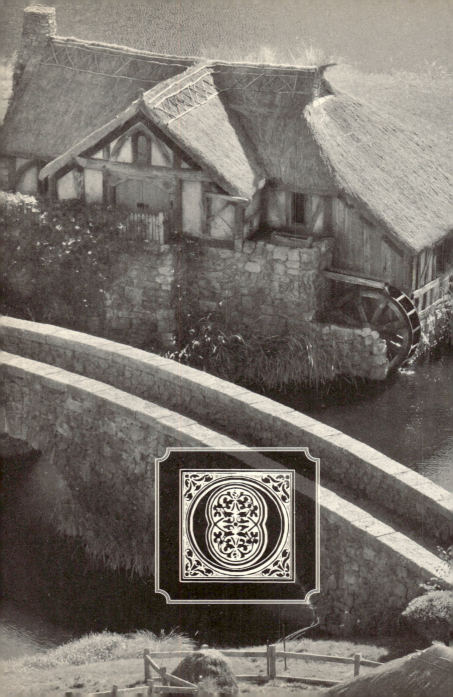

OBERWOLF

Name: Oberwolf
Auch bekannt als: Wolfhäuptling, Hund Saurons
Volk: Wölfe des Nordens, Warge aus Wilderland
Beschreibung: Ein großer, grauer Wolf, der in einer eigenen Sprache mit den anderen Wargen kommuniziert. Die Warge und die Orks haben oft zusammen geplündert und sich die Beute geteilt. Sie tun gern böse und gemeine Dinge. Die Warge sind fast unbesiegbar, sie hassen aber das Feuer.

Lange bevor Guillermo del Toro als Regisseur abtrat, erzählte er dem *New Yorker* in einem Interview: »Es wird andere Empfindungen in dem Film geben als in der *Herr der Ringe*-Trilogie. Erst einmal gibt es in *Der Hobbit* die Reiseberichte, es kommen Orte und Varianten von Rassen vor, die es in der Trilogie nicht gab. Was die Warge betrifft, glaube ich, dass die klassische Inkarnation der dämonischen Wolfsfigur in der nordischen Mythologie nicht eine hyänenhafte Kreatur ist, sondern der Wolf aus der Natur. Die Urform ist ein Wolf, also beziehen wir uns auf seine schlanke, typische Gestalt, die, wie ich denke, die Inspiration für Tolkien war.«

In einem Chat mit Fans sagte er: »Die Warge werden sich von den Hyänen, die es in der Trilogie gab, unterscheiden. Sie werden den Kreaturen im Buch treu sein und deshalb neu designt werden.«

ÓIN

Name: Óin
Volk: Zwerge, Durins Volk
Gespielt von: John Callen
Beschreibung: Óin trägt eine braune Kapuze. Er ist der Bruder von Glóin und ein entfernter Verwandter von Thorin.

Der britische Schauspieler John Callen, der Óin spielt, lebte in Blackheath in London, bis er mit sechzehn Jahren mit seiner Familie nach Neuseeland zog. Dort ging er nur noch ein Jahr zur Schule und beschloss dann, eine Kunstakademie zu besuchen. Danach arbeitete er als Texter fürs Radio. John liebte es zu schreiben und dachte, dass er vielleicht Journalist werden könnte. In seiner Freizeit spielte er in einer Amateurgruppe Theater und lernte jemanden kennen, der meinte, seine Stimme wäre perfekt für Kommentare aus dem Off geeignet.

John fing also an, als Sprecher zu arbeiten, dabei lernte er auch einige Schauspieler kennen. Außerdem nahm er Hörspiele auf. Der Theaterdirektor Mervyn Thompson erkannte sein Potenzial und bot ihm eine Stelle in der ersten professionellen Theaterkompanie Neuseelands an. John war begeistert, schrieb aber weiter und versuchte sich auch als Drehbuchautor. Später spielte er in Fernsehserien mit und vierzig Jahre danach ist er immer noch dabei. John ist ein talentierter Schauspieler, Autor und Regisseur, er hat in über hundert Theaterstücken gespielt oder Regie geführt, war in über 25 Serien zu sehen und Sprecher von fast 150 Dokumentationen. Außerdem ist er in mehreren erstklassigen Filmen aufgetreten.

Vor Beginn der Dreharbeiten verriet John bei einer Pressekonferenz: »Wenn wir Schauspieler, die die Zwerge spielen, zusammen sind, bilden wir eine Gruppe. Wir sind eins. Aber da sind nicht nur wir, auch mit der Crew sind wir eng verbunden.«

ORI

Name: Ori
Volk: Zwerge, Durins Volk
Gespielt von: Adam Brown
Beschreibung: Ori trägt eine graue Kapuze. Er hat zwei ältere Brüder –
Dori und Nori –, die mit ins Abenteuer ziehen. Sie spielen alle Flöte.

Ori wird von Adam Brown gespielt. Peter Jackson sagte der Presse:
»Adam ist ein wunderbar ausdrucksstarker Schauspieler mit einer
einzigartigen Leinwandpräsenz. Ich freue mich darauf, zu sehen,
wie er Ori zum Leben erweckt.«

Bei einer Pressekonferenz in Neuseeland wurde Adam gefragt,
wie er an die Rolle gekommen sei. Er antwortete: »Ich habe in
London vorgesprochen und vier Wochen später einen Anruf erhalten. Peter, Fran und Philippa haben mir die Rolle angeboten.
Ich war hin und weg, wirklich begeistert.«

James Nesbitt scherzte, dass Adam die Rolle bekommen hat,
weil er so vielseitig und so billig ist. Die anderen Schauspieler,
die die Zwerge spielen, und die Journalisten brachen daraufhin
in Gelächter aus.

Adam Brown ist ein britischer Schauspieler, Comedian und
Autor. Er studierte an der Middlesex University und hat zusammen mit seiner engen Freundin Clare Plested die Comedy-
Theaterkompanie Plested and Brown gegründet. Auf ihrer
Webseite kann man lesen, was sie machen: »Unser Team kreiert
originelle und innovative neue Comedyshows, die durch Großbritannien touren – Clownerie, Slapstick und Wortwitz werden
zusammengeführt. Unser Comedystil ist zwar in den besten
britischen Theatertraditionen verwurzelt – selbstironisch, satirisch,
absurd und schnell –, unsere Shows finden aber auch international
Anklang. Daher gibt es ebenfalls Auftritte in Amerika, Neuseeland
und Südkorea.«

Britische Zuschauer kennen Adam vielleicht aus verschiedenen Werbespots, die er in der Vergangenheit gedreht hat.

Wie er in einem von Peter Jacksons Produktionsvideos sagte, empfand er es als ziemlich surreal, in Neuseeland zu sein: »Es ist irgendwie seltsam. Wenn man am Set im Studio ist, sieht alles so echt aus. Und dann kommt man zum Außendreh und alles wirkt fast unecht. Man denkt, das alles kann es gar nicht geben. Das ist einfach seltsam. Das ist ein Trick, ein Psychospiel.«

Adam war noch nie in einem Helikopter geflogen, bevor er nach Neuseeland kam. Er musste seine anfängliche Angst aber schnell überwinden, weil er mit diesem Transportmittel oft zu abgelegenen Locations gebracht werden musste.

PETER JACKSON

Sir Peter Jackson ist ein neuseeländischer Regisseur, Produzent und Drehbuchautor. Bekannt wurde er vor allem durch die *Herr der Ringe*-Trilogie. Vor Veröffentlichung des ersten *Hobbit*-Films im Dezember 2012 hat er bereits drei Oscars und 87 andere Awards gewonnen. Außerdem war er noch 73 Mal nominiert. 1987 heiratete Peter die Drehbuchautorin und Produzentin Fran Walsh. Zusammen haben sie zwei Kinder, Billy und Katie. Billy wurde 1995 geboren und Katie 1996.

2002 wurde Peter zum Companion des New Zealand Order of Merit ernannt. Acht Jahre später wurde er zum Ritter geschlagen und 2012 erhielt er die höchste Auszeichnung seines Landes, den Order of New Zealand.

Schon gewusst?
Peter trägt bei Dreharbeiten gern Shorts und liebt es, am Set barfuß herumzulaufen.

Peter Jackson wurde am 31. Oktober 1961 geboren und verbrachte seine Kindheit in Pukerua Bay in der Nähe von Wellington. Seine Eltern, Lohnbuchhalter William und Fabrikarbeiterin Joan, stammten aus England. Sein Vater hatte im Zweiten Weltkrieg gekämpft. Peter hat keine Geschwister.

Als kleiner Junge schaute er sich gern *Thunderbirds* an. Er besaß viele *Thunderbirds*-Figuren und erkannte schnell, dass die Geschichten der Serie ausgedacht waren – ziemlich tiefgründig für ein Kind. Auch wenn er sich Filme ansah, dachte er dasselbe – dass alles nur Schein war. Er erzählte dem Filmkritiker David Stratton davon, als dieser ihn fragte, was ihn dazu veranlasst hatte, Filme zu machen. Jackson sagte: »Der Zusammenhang wurde mir damals klar: Das ist nicht echt, das sind Modelle – sie denken sich das alles aus. Das liebe ich an Filmen. Meine Begeisterung wurde dann von dem Original-*King-Kong* weiter angefacht – von der Version von 1933, die ich mit neun Jahren gesehen habe. Ich erinnere mich daran, dass ich an jenem Wochenende Saurier geknetet und versucht habe, mit meiner kleinen Super-8-Kamera einen Stop-Motion-Film zu drehen. Als Kind wollte ich nicht Regisseur werden, weil ich überhaupt nicht wusste, was das war. Ich wollte Special Effects machen. Ich probierte Spezialeffekte aus. Dann wollte ich meinen Special-Effects-Filmen kleine Geschichten und Handlungen zugrunde legen. Das Konzept des Schreibens und Regieführens ist mir also ganz langsam ans Herz gewachsen, ohne dass ich es gemerkt habe.«

Als Peter den ersten *Batman*-Film sah, war das ein bedeutender Moment in seinem Leben. Noch heute erinnert er sich daran, wie es sich damals angefühlt hat. Dem *Esquire* teilte er mit: »Einer der ersten Filme, die ich gesehen habe, war *Batman hält die Welt in Atem*. Der Film basierte auf der Serie mit Adam West und Burt Ward. Da gab es diese Rutschstange. Sie sprangen in ihren Zivilklamotten an die Stange und kamen in ihren Batman- und Robinkostümen unten an. Damals war ich erst vier oder fünf Jahre alt und diese plötzliche Verwandlung verblüffte mich. Ich erinnere mich, dass ich meinen älteren Cousin gefragt habe: ›Wie machen sie das?‹ Mein Cousin war acht und meinte: ›Oh, das ist ein Spezialeffekt.‹ Ich erinnere mich immer noch daran, diesen Begriff damals zum ersten Mal gehört zu haben. In gewisser Hinsicht kann ich alles, was ich jemals getan habe, auf diesen Augenblick zurückführen.«

In manchen Artikeln heißt es, dass Peter seine Super-8-Kamera von einem Freund der Familie bekommen hat, in anderen, dass er sie 1969 als Weihnachtsgeschenk erhalten hat, um Wochenendausflüge zu filmen. Wie auch immer, Peter bekam auf jeden Fall eine Kamera in die Hände und fing an, mit Freunden eigene Filme zu drehen. Mit zwölf filmte er seine eigene Version von

King Kong – einer Geschichte, bei deren Neuverfilmung er 2005 Drehbuchautor, Regisseur und Produzent sein würde. Er verriet: »*King Kong* ist mein am längsten unvollendetes Projekt, weil ich meine erste Version mit zwölf Jahren erstellt habe. Ich habe eine kleine Puppe und ein Pappmodell vom Empire State Building gebastelt. Ich hatte einen kleinen King Kong und machte ein bisschen Stop Motion. Aber ich gab das Unternehmen ziemlich schnell auf – mir wurde klar, dass es ein wenig gewagt war, mit zwölf ein Remake von *King Kong* machen zu wollen.«

Als Teenager drehte Peter Hunderte Kurzfilme mit Freunden, unter anderem *Revenge of the Gravewalker*, *The Dwarf Patrol* und *Coldfinger*, eine *James Bond*-Parodie. Er erschaffte mit wenig Geld seine eigenen Spezialeffekte. Da ihn der Erste Weltkrieg faszinierte, grub er ein Loch im Garten seiner Eltern, das ihm als Schützengraben für Kriegsfilme diente. Er wollte unbedingt Filme machen, also verließ er schließlich das College und suchte sich einen Job, mit dem er genug Geld verdiente, um weiterhin Filme drehen zu können.

Peter arbeitete als Fotolithograf bei der Zeitung *Evening Post* in Wellington, produzierte in seiner Freizeit aber weiter seine eigenen Filme. Mit 22 begann er, an der Komödie *Bad Taste* zu arbeiten. Während er den Film schnitt, lernte er Fran Walsh kennen, die Drehbuchautorin und Produzentin, die später seine Frau wurde. Die ehemalige Marketingchefin der New Zealand Film Commision, Lindsay Shelton, erzählte dem *Observer*, wie sie Peter Jackson kennengelernt hat: »In den Achtzigern wurde die Serie *Worzel Gummidge Down Under* in Neuseeland gedreht. Fran Walsh gehörte zu den Drehbuchautoren. Eines Tages fragte sie während der Dreharbeiten, ob sie einen Freund mitbringen dürfe, der in die Filmbranche wollte. Der Name des Freundes war Peter Jackson. Er übernahm einen einfachen Job in der Crew und trat in einer Folge als Farmer auf.«

Peter brauchte vier Jahre, um *Bad Taste* fertigzustellen, doch der Film war am Ende die Mühe wert. Er lief auf dem Filmfestival von Cannes und wurde zu einem Kultfilm. Peter kündigte seinen Job und fing an, Drehbücher für Splatterfilme wie zum Beispiel *Meet the Feebles* (1989) und *Braindead* (1992) zu schreiben, diese zu produzieren und Regie zu führen. In einem Interview mit dem *Telegraph* sagte er 2010 über seine Splatterfilme: »Für mich waren sie ein Witz. Wir hatten Spaß daran, verrückt und anarchisch zu sein und die Leute zu erschrecken, die wir damals erschrecken wollten.«

Nach verschiedenen Splatterstreifen schrieb und produzierte er den Film *Himmlische Kreaturen* (1994), bei dem er auch Regie führte. Das war sein erster Mainstreamfilm, die noch unbekannte Kate Winslet und Melanie Lynskey spielten darin mit. Seine Frau Fran war diejenige, die vorschlug, einen Film über den Mordfall Parker-Hulme zu machen, der die Neuseeländer noch nach über vierzig Jahren fesselte. Auf dem Toronto Film Festival erzählte Peter dem Filmkritiker Emanuel Levy: »Ich habe mich sofort in diese ungewöhnliche Geschichte verliebt – ich war in der Tat davon besessen. Die Beziehung zwischen den Mädchen war sehr bereichernd und wir haben versucht, dem in unserem Film Rechnung zu tragen. Wir wollten einen Film über eine intensive Beziehung machen, die schrecklich schiefgeht.«

Kate Winslet sagte über ihren ersten Film: »Das war eine unglaubliche Erfahrung. Ich habe es geliebt. Aber es war auch echt traumatisierend – eine wahre Geschichte, viele entsetzliche Szenen.«

Nach *Himmlische Kreaturen* drehte Peter eine TV-Mockumantary mit dem Titel *Kein Oscar für Mr. McKenzie* (1995) und dann seinen ersten Film mit großem Budget – *The Frighteners* (1996). Obwohl der Film in Nordamerika spielt, wurde er auf Peters Wunsch in Neuseeland gedreht. Weta Workshop war für die Special

Effects zuständig. In diesem Film trat Michael J. Fox als Frank Bannister auf. Bei seiner Veröffentlichung blieb *The Frighteners* aber leider hinter den Erwartungen zurück – was vielleicht an dem Konkurrenzfilm *Independence Day* mit Will Smith lag und daran, dass die Olympischen Spiele an dem Tag begannen, an dem der Film in die Kinos kam. Peter informierte das Studio über das Problem, dass das sportliche Großereignis die Zuschauer davon abhalten könnte, ins Kino zu gehen, aber man antwortete ihm: »Der Meinung sind wir nicht. Unsere Recherchen zeigen, dass dies nicht der Fall ist.«

Und Peter dachte: Wie zur Hölle können sie sich da sicher sein? In den letzten hundert Jahren fanden erst drei Olympische Spiele in den USA statt!

Als Nächstes sollte Peter eigentlich *King Kong* drehen, aber Universal legte das Projekt auf Eis, weil ähnliche Filme – *Godzilla* und *Mein großer Freund Joe* – gerade produziert wurden. Damals war Peter sehr enttäuscht, weil er diesen Film unbedingt machen wollte. Aber im Nachhinein ist er froh, dass er damals abgelehnt wurde. *Contact Music* erklärte er: »Als Universal den Film gecancelt hat, war das der trostloseste Tag meiner Karriere, aber jetzt bin ich dankbar dafür, weil sich alles zum Besten gewendet hat. Damals hätten wir *Kong* nicht so gut machen können, aber jetzt können wir alles einsetzen, was wir bei *Der Herr der Ringe* gelernt haben.«

Dann war er Drehbuchautor, Produzent und Regisseur bei den drei *Herr der Ringe*-Filmen, die an der Kinokasse alle äußerst erfolgreich waren (siehe auch »*Der Herr der Ringe* – Die Filme«). Schließlich konnte Peter auch *King Kong* drehen. Der Film, der am 14. Dezember 2005 in die Kinos kam, wurde ein voller Erfolg und brachte weltweit 550 Millionen Dollar ein. Naomi Watts, die die Schauspielerin Ann Darrow spielte, gab in einem Interview mit About.com zu: »Ich denke nicht, dass ich für dieses Projekt unterschrieben hätte, wenn nicht jemand wie Peter dahintergestanden hätte. Sonst hätte ich mir Sorgen gemacht, dass es ein Actionfilm mit einer Jungfrau in Nöten wird. Aber als ich zum ersten Mal von dem Projekt hörte und davon, dass Peter es machen würde, dachte ich: Wow, das ist interessant! Er war der Spitzenreiter in der Special-Effects-Welt und außerdem der Mann, der *Himmlische Kreaturen* gemacht hatte, einen wunderschön komplizierten Film über ein sehr emotionales Thema. Es hörte sich also wie eine tolle Idee an. Dann habe ich ihn und seine Kolleginnen Fran Walsh und Philippa Boyens, mit denen er zusammen Drehbücher schreibt, getroffen. Sie sprachen darüber, dass es zwar um den legendären *King Kong* ging, aber ein paar großartige neue Ideen hinzukommen würden, und dass sie aus der weiblichen Hauptrolle auf jeden Fall mehr machen wollten als eine kreischende Schönheit.«

Peters nächster großer Film war *In meinem Himmel* (2009). Fran und Philippa hatten ihn 2002 auf den gleichnamigen Roman von Alice Sebold aufmerksam gemacht, den er daraufhin gern verfilmen wollte. Er war in London und arbeitete dort gerade an der Musik für *Der Herr der Ringe – Die zwei Türme*, als Philippa aus Neuseeland anreiste, um ihn zu sehen. Sie hatte das Buch am Flughafen gekauft und es an Fran weitergegeben, nachdem sie es gelesen hatte. Die Geschichte hatte die beiden Frauen umgehauen, weshalb Peter sie auch lesen wollte. Dem Journalisten Stuart Husband sagte er: »Wir kamen langsam in das Alter, in dem man anfängt, Freunde und Verwandte zu verlieren. [Peters Eltern starben während der Dreharbeiten zu *Der Herr der Ringe*.] Und das Buch spricht diese Dinge an. Außerdem ist es auch irgendwie tröstlich. Aber ich muss ganz ehrlich sagen, dass die Adaption von *In meinem Himmel* das Schwerste war, das wir je gemacht haben. Das Buch ist wie ein wundervolles Puzzle und man muss sich entscheiden, was man drinlässt und was man streicht.«

Einige Fans des Buches kritisierten Peter tatsächlich, weil er weder den Mord noch den Angriff zeigte, aber er erklärte: »In dem Film geht es darum, dass Liebe nie vergeht und dass die Zeit alle Wunden heilt. Es ist kein Film über einen Mord, außerdem wollte ich, dass ihn auch Kinder anschauen konnten. Filme sind ein mächtiges Medium. Sie sind eine Waffe und ich denke, man hat die Pflicht, sich selbst zu zensieren.«

In einem Interview mit *Orange* ging er noch weiter darauf ein: »Wir haben das Gefühl, dass das ein positiver Film ist, den sich auch Kinder ansehen können. Wir haben den Film unserer zwölfjährigen Tochter gezeigt und sie sagte: ›Dad, wenn ich das wäre, wäre ich auch mit Mr Harvey [dem Mörder] da runtergegangen!‹ Sie versetzt sich also in die Situation. Ich denke, es ist gut, dass ein bestimmter Aspekt der Dinge in dieser Weise porträtiert werden kann. Außerdem wollten wir, dass der Film sich irgendwie positiv anfühlt – das war uns sehr wichtig.«

2009 produzierte Jackson den Film *District 9*, bei dem Niell Blomkamp Regie führte. Der Science-Fiction-Streifen wurde ein Überraschungserfolg und letzten Endes für vier Oscars nominiert. Bei der ComicCon in jenem Jahr sprach Peter Jackson mit der *Los Angeles Times*: »Das Gute an dem Film ist, dass niemand irgendetwas erwartet. Unser Vorteil war, dass wir alle überraschen konnten, und das war gut. Eigentlich war es gar nicht so geplant, aber wir sind irgendwie unbemerkt nach Südafrika und Neuseeland gekommen. Die Leute wussten nichts von dem Film, bis es plötzlich Trailer und Poster gab.«

Bei seinem nächsten Projekt – *Die Abenteuer von Tim und Struppi – Das Geheimnis der Einhorn* (2011) – war Jackson Produzent und Steven Spielberg übernahm die Regie. Der computeranimierte Film wurde ein weltweiter Hit und spielte 373 Millionen Dollar an der Kinokasse ein. Eine Fortsetzung ist für 2013 geplant. Dieses Mal sollen die Rollen allerdings vertausch werden: Spielberg soll produzieren und Jackson Regie führen.

Während der Promotion für den ersten Film erzählte Peter der Journalistin Rebecca Murray: »Ich habe festgestellt, dass man im Prozess des Filmemachens immer wieder neue Dinge entdeckt, von denen man nie gedacht hätte, dass sie funktionieren. Wenn ich mit einem Film beginne, kann ich die Augen schließen, irgendwo sitzen, wo es ruhig ist, und mir das fertige Werk vorstellen. Ich kann mir die Kameraeinstellungen vorstellen. Ich kann mir sogar die Musik vorstellen. Ich kenne das Lied nicht, aber ich kann mir vorstellen, welche Art von Musik es sein muss. Aber im Verlauf der Dreharbeiten entdeckt man ständig neue Dinge. Die Schauspieler machen unerwartete Dinge. Die Produktionsdesigner kommen dazu, der Kameramann leuchtet eine Szene so aus, wie man es sich nie vorgestellt hätte. Es entwickelt sich immer weiter, ist immer aufregend.«

Im Oktober 2001 wurde Peter vom neuseeländischen Premierminister gefragt, welchen seiner Filme er am liebsten mochte. »Oh, ich weiß nicht. Das ist schwierig – ich schaue mir meine Filme nie an, das ist das Problem. Ich sehe sie buchstäblich nie, nachdem ich sie abgedreht habe. Manchmal, wenn ich in einem Hotel bin und durchschalte, finde ich einen meiner Filme im Fernsehen und sehe mir dann aus Interesse zwei oder drei Minuten davon an. Dann kommen all die Erinnerungen zurück und ich schalte um. Ich weiß es also nicht – aber ich muss zugeben, dass ich das Verlangen verspüre, den Film *Meet the Feebles* mal wieder zu sehen, den wir ungefähr 1989 gemacht haben. Den habe ich fast 15 Jahre lang nicht gesehen. Ich weiß aber nicht, ob das mein Lieblingsfilm ist. Da muss ich abwarten.«

Seine Lieblingsfilme von anderen Leuten zu benennen fällt ihm dagegen leicht. Peter mag besonders den originalen *King Kong* von 1933 und den Stummfilm *Der General* von 1926.

Peter vergöttert seine beiden Kinder, Katie und Billy. Als Katie 13 war, drehte sie am Wochenende mit ihren Freunden ihre eigenen Filme und trat so in die Fußstapfen ihres Vaters. Sie schnitt ihre Filme mit iMovie und zeigte sie dann ihrem Dad. Mittlerweile ist sie diesem Hobby allerdings etwas entwachsen, wie Peter im Januar 2010 in einem Interview erzählte: »Meine Kinder machen sich gnadenlos über das, was ich tue, lustig – was aber auch gesund ist. Ich glaube nicht, dass einer von ihnen Filmemacher werden will. Wahrscheinlich liegt das daran, dass sie sich in ihrer Kindheit an Filmsets oft entsetzlich gelangweilt haben. Mein Sohn hat mich für *In meinem Himmel* ein wenig gelobt, aber nur weil wir Michael Imperioli mit an Bord hatten und er sich gerade die DVDs von *Die Sopranos* angesehen hatte. Davon abgesehen sind sie nicht besonders beeindruckt.«

Beide Kinder hatten kleine Cameo-Auftritte in den *Herr der Ringe*-Filmen. Im ersten Teil gehören sie zu den Hobbit-Kindern, denen Bilbo auf seiner Geburtstagsfeier Geschichten erzählt. Im zweiten Film sind sie Flüchtlinge in den Höhlen von Helms Klamm und im dritten verabschieden sie in Minas Tirith Faramir und seine Soldaten, die nach Osgiliath aufbrechen. Katie und Billy waren auch in *King Kong* und *In meinem Himmel* zu sehen. In *Der Hobbit* spielt Katie einen Hobbit.

Billy, der ältere der beiden Geschwister, spielte in früheren Filmen von Peter mit. In dem Horrorfilm *The Frighteners* (1996) war er als Baby in einer Schaukel zu sehen. Aber eigentlich möchte er kein Schauspieler werden, weshalb er auch nicht im *Hobbit* mitspielte. Er ist jetzt 16 und besucht das Scots College in Wellington. Seine Schule hat eine Benefizveranstaltung für die Opfer des Erdbebens in Christchurch veranstaltet, an der Sir Ian McKellen teilnahm. Ian kennt die Familie seit über zehn Jahren und sie stehen sich alle sehr nah. Nach Abschluss der Dreharbeiten zu *Der Herr der Ringe* schenkten Peter und Fran ihm ein Fotoalbum mit hundert Fotos von Leuten, die an den Filmen mitgearbeitet hatten. Es waren inoffizielle Fotos, also praktisch ein Familienalbum.

Peter wurde erst im Oktober 2010 zum Regisseur vom *Hobbit*, nachdem Guillermo del Toro zurückgetreten war. Als er noch Ausführender Produzent war und Guillermo Regisseur, fragten die Fans ihn, ob er erklären könne, welche Rolle er spielte. Er sagte: »Die Wahrheit ist, dass Ausführende Produzenten verschiedene Sachen bei einem Film machen, von sehr viel bis so gut wie nichts! Ich sehe mich als Teil des Produktionsteams. Ich möchte Guillermo helfen, die bestmöglichen Filme zu machen. Ich schreibe gern und darauf freue ich mich. Guillermo wird Fran, Philippa und mich dabei unterstützen. Ich könnte nie bei einem Film Regie führen, an dem ich nicht mitgeschrieben habe, und das erwarten wir auch nicht von Guillermo. Wenn der Regisseur am Drehbuch beteiligt ist, bedeutet das, dass er dabei war, als diskutiert wurde, als Entscheidungen gefällt wurden. Er weiß dann, warum die Dinge so sind, wie sie sind, und was man erreichen will. Jedes Wort des Drehbuchs hat seinen Grund, und nur wenn man Teil des Autorenteams war oder das Skript selbst geschrieben hat, versteht man den Zweck aller Einzelheiten. Ich sehe mich als Teil dieses Autorenteams, das einen Entwurf erschaffen wird, der Guillermo helfen soll, den Film zu gestalten. Ich möchte, dass Guillermo seine Filme macht, und ich möchte sichergehen, dass wir am Ende eine fünfteilige Filmreihe haben, die so gut ist wie nur möglich.«

Kurz vor dem Beginn der Dreharbeiten wurde Peter ins Krankenhaus eingeliefert. Am nächsten Tag veröffentlichte der Pressesprecher von *Der Hobbit* die folgende Nachricht: »Sir Peter Jackson wurde Mittwochabend mit starken Bauchschmerzen ins Wellington Hospital eingeliefert. Dort wurde er wegen eines perforierten Magengeschwürs operiert. Sir Peter ruht sich momentan aus und die Ärzte gehen davon aus, dass er sich wieder völlig erholen wird. Die OP von Sir Peter wird keinen Einfluss darauf haben, dass er bei *Der Hobbit* Regie führt, es wird lediglich eine kleine Verzögerung des Beginns der Dreharbeiten geben.«

Ian McKellen war überrascht, wie gut Peter nach der Operation aussah. Er schrieb in seinem Blog:»Für jemanden, der sich gerade von einer OP am Bauch erholt, sieht Peter mehr als gut aus. Dennoch ist es verblüffend, einen schlanken statt eines molligen PJ zu sehen. Ich erinnere mich, dass beim ersten Mal immer eine verlockende Schüssel mit Süßigkeiten in der Nähe des Regiestuhls stand. Seine Augen scheinen dunkler zu sein, ausdrucksstärker, zielstrebiger. Er hat mir seine Narbe gezeigt und gesagt, dass er es kaum erwarten könne loszulegen.«

In einem Interview scherzte John Rhys-Davies (der Gimli in den *Herr der Ringe*-Filmen gespielt hat), dass er das Gefühl hatte, an Peters Magengeschwür schuld zu sein, weil er angeboten hatte, im *Hobbit* mitzuspielen, nachdem er zuerst abgelehnt hatte.»Neulich, als mir klar wurde, dass es bald losgehen wird, spürte ich ein tiefes Bedauern. Also habe ich Peter Jacksons Assistenten angerufen und gesagt: ›Falls es irgendetwas gibt – und sei es nur ein Vorwand –, warum ich kommen sollte, lass es mich wissen.‹ PJ brach prompt zusammen und wurde ins Krankenhaus gebracht. Dann habe ich nichts mehr gehört – ich hätte nicht gedacht, dass ich so schlecht war!«

Die Schauspieler, die noch nie mit Peter zusammengearbeitet hatten, wussten nicht, was sie erwartete, aber sie erkannten, warum so viele Schauspieler und Crewmitglieder immer wieder an seinen Filmen beteiligt sein wollen – er ist ein echt netter Kerl. Martin Freeman sagte gegenüber neuseeländischen Journalisten: »Für jemanden, der ein richtiger Krösus ist und so viele Oscars hat, ist er phänomenal normal. Und ich meine wirklich normal und nicht wie die Leute, die so tun, als wären sie hip oder cool oder demonstrativ normal – die sagen: ›Seht her, ich bin normal und trinke eine normale Tasse Tee.‹ Nein, PJ ist ein Mann vom Fach und kein Star. Ich habe das Gefühl, dass er derselbe Mensch ist, der er mit zwölf war – ein Enthusiast.«

James Nesbitt (Bofur) sagte über Peter, Fran und Philippa: »Sie sind gute Zuhörer und nehmen an, was man ihnen anbietet.«

Schon gewusst?

Peter sagte zu den Statisten der Hobbingen-Szenen in *Der Hobbit*, dass sie sich in den Pausen amüsieren und lachen sollten, weil er wollte, dass sie die ganze Zeit fröhlich und glücklich sind.

Zu seinem fünfzigsten Geburtstag überraschten die Zwerge Peter mit einem besonderen Kalender, in dem jeden Monat ein anderer Zwerg in einer sexy Pose zu sehen war. Leider ist dieser Kalender für die Fans nicht käuflich zu erwerben.

In seiner Freizeit bemalt Peter gern Spielzeugsoldaten und er baut Modellflugzeuge – das hat er schon als kleiner Junge gern gemacht. In der viertägigen Drehpause zu Ostern hatte er großen Spaß. Am 4. Mai 2011 erzählte Peter den Fans auf seiner Facebook-Seite davon: »Ein Bild von Ostern. Wir sind zur Omaka-Flugshow gefahren und ich konnte mir dort einen meiner Kindheitsträume erfüllen, nämlich in einer Spitfire zu sitzen. Danke Brendon und Sean. Die Supermarine Spitfire ist zweifellos das großartigste Flugzeug aller Zeiten. Keine Diskussion! Wir sollten alle dankbar sein, dass die britische Regierung 1936 mehrere hundert Stück geordert hat. Die Ereignisse von 1940 wären sonst vielleicht ganz anders ausgegangen. Gibt es noch etwas anderes, das vor über siebzig Jahren entworfen wurde und immer noch so wunderschön, kraftvoll, stark und einfach so cool ist wie dieses Flugzeug? Mein zweiter Kindheitstraum ist es, dieses Flugzeug einmal zu fliegen. Vielleicht eines Tages. Aber nicht, bevor wir diese Filme beendet haben!«

PFERDE

Als die Zwerge, Bilbo und Gandalf zu ihrem Abenteuer aufbrechen, reiten alle außer Gandalf auf Ponys. Der Zauberer sitzt auf einem weißen Pferd. Die Zwerge im Buch sind sehr klein, für die normal großen Schauspieler wäre es aber schwierig, Ponys zu reiten, das würde lächerlich aussehen und die Ponys würden unter ihrem Gewicht leiden. Um dieses Problem zu lösen, ließ der Regisseur Peter Jackson die Schauspieler auf Pferden reiten, die man als Ponys verkleidet hatte. Den Pferden wurden zottelige Decken übergeworfen, sodass sie von Weitem wirklich wie Ponys aussahen.

Ohakune Beech Paddock war der Ort, an dem man die Szene drehte, in der Bilbo am Rand des Auenlandes wieder auf die Gruppe trifft. Die Schauspieler hatten monatelang geübt und waren zu Beginn der Dreharbeiten recht erfahrene Reiter. Aber wenn 15 Pferde gleichzeitig geritten werden, kann ziemlich viel schiefgehen. Die Pferde sollten sich alle richtig wohlfühlen, weshalb ihre Trainer sie vor dem Dreh die Galgenmikrofone und das andere Equipment beschnuppern ließen. Peter wollte eine Einstellung drehen, in der Fili und Kili Bilbo auf ein Pferd heben. Das war schwierig, denn die Schauspieler, die Fili und Kili spielen, saßen dabei selbst auf Pferden.

Der Stuntkoordinator Glenn Boswell hatte eine Idee, wie es funktionieren könnte. Die Crew und die Schauspieler begaben sich auf ein flacheres Stück Land – etwas von den Bäumen entfernt –, weil es dort leichter gehen würde. Man stellte eine Kiste an der Stelle auf, wo Dean O'Gorman (Fili) und Aidan Turner (Kili) Martin Freeman hochheben sollten, sodass dieser sich an etwas abstoßen konnte. Das würde es ihnen erleichtern und gut aussehen. Sie mussten ihn nur hochheben und später würde man Bilbos Stuntdouble einsetzen und aufs Pferd heben. Wenn man das mit Martin versucht hätte, hätte er sich vielleicht verletzen können, da es ein ziemlich kniffliger Stunt war.

Neben den Pferden spielen noch andere Tiere in den Filmen mit. Für die Tiere am Set war Steve Old verantwortlich. Er kümmerte sich um sie und sorgte dafür, dass sie unbeschadet von einer Location zur nächsten gebracht wurden. Steve arbeitet für FarOut Events Limited, er war bei den *Herr der Ringe*-Filmen Pferde-Koordinator.

In einem der Produktionsvideos erzählte er: »Wir haben Michael Jackson, das Huhn an der Leine, 49 Schafe, 50 Hühner, neun Ziegen, fünf Kühe, vier Fasane und zwei Enten, die alle mit zu den Locations mussten. Für die Marktszene in Hobbingen hatten wir auch noch ein riesiges Schwein, das herumwatschelte.«

PROTHESEN

Damit der Bilbo im Film genauso haarige Füße hat wie der Bilbo im Buch, wurde Heather McMullen engagiert, um die Füße für Martin Freeman und die anderen Hobbits herzustellen. Heather ist Make-up-Artist, Hairstylistin und Prosthetics Artist, sie wurde bei Madame Tussauds in London ausgebildet. Sie hat am Theater gearbeitet und dort Perücken hergestellt, die Augenbrauen für die Kobolde in Gringotts im letzten *Harry Potter*-Film

Prothesen

angefertigt und war für das Make-up der Schauspieler im Musical *Der König der Löwen* zuständig. Außerdem hat sie viel Erfahrung darin, Schauspieler als Leichen zu schminken.

Nachdem sie den Job beim *Hobbit* erhalten hatte, musste sie nach Neuseeland ziehen, um bei den Dreharbeiten immer in der Nähe zu sein. Sie verbrachte jeden Tag viele Stunden damit, die Füße vorzubereiten. Es mussten menschliche Haare an die Silikonhaut angebracht werden. Das war ziemlich mühsam. Heather wollte, dass jeder Fuß perfekt war, bevor Martin ihn anbekam. Während er seine Szenen drehte, schaute sie zu, um sicherzugehen, dass die Füße intakt blieben. Wenn sie beschädigt waren – Haare abgefallen oder ein Zeh eingerissen –, ging sie zu Martin und tauschte die Füße aus. Der Regisseur und die Crew waren viel zu beschäftigt, um auf Martins Füße achtzugeben, also lag die Verantwortung ganz bei ihr.

Wenn die Zeit knapp war, konnte sie in eineinhalb Stunden ein neues Paar Füße bereitstellen, aber wenn es die Zeit erlaubte, arbeitete sie gern auch länger daran.

Die Füße im *Hobbit* sind fortschrittlicher als die, die man bei *Der Herr der Ringe* benutzt hat. Damals wurden sie jeden Tag angeklebt und waren wie Schuhe. Bei *Der Hobbit* bestanden die Füße aus Silikonhaut und reichten den Schauspielern bis knapp über das Knie. Martin Freeman und einige der wichtigeren Hobbits hatten noch höher entwickelte Füße, bei denen sie sogar mit den Zehen wackeln konnten – das konnte man mit den einfachen Hobbitfüßen nicht.

Heather und ihr Make-up-Team mussten den Schauspielern jeden Tag helfen, die Füße vor Beginn der Dreharbeiten anzuziehen und sie nach Drehschluss wieder auszuziehen. Am Ende des Tages waren sie voller Schweiß. An den Tagen, an denen die Szenen in Hobbingen gedreht wurden, hatten sie sich um siebzig Paar Füße zu kümmern, was viel Zeit kostete.

Prothesen

Filmfakt:
**Drei Leute arbeiteten in der »Flesh Factory« und stellten die
Fatsuits der Zwerge her.**

Die Make-up- und Prothesenteams mussten bei der Arbeit vor-
sichtig vorgehen, wie Tami Lane im vierten Produktionsvideo
erzählte: »3D, 48 Bilder – das ist ziemlich unerbittlich. Da mussten
wir ganz anders mit Farbe umgehen als sonst. In Tests haben wir
herausgefunden, dass die Haut gelb und nicht wie normal durch-
blutete Haut wirkt, wenn wir nicht genug Rot benutzen.«

Einige der Schauspieler – diejenigen, die die Zwerge und
Gandalf spielten – mussten im Film Bärte tragen, also rasierten
sie sich ein paar Wochen vor Drehbeginn nicht mehr. Aber am
Set erfuhren sie dann, dass sie bei den Dreharbeiten glattrasiert
sein mussten, damit die falschen Bärte mit Hautkleber befestigt
werden konnten. Außerdem mussten sie Perücken tragen und die
Hobbits Hobbitohren.

Für diese Verwandlungen verantwortlich war Rick Findlater, der
Haupt-Make-up- und Hair-Artist der *Hobbit*-Filme. Ian McKellen,
Elijah Wood und Cate Blanchett kannten ihn schon gut, weil er
bereits bei den *Herr der Ringe*-Filmen als Hair- und Make-up-Stylist
tätig war. Rick arbeitet schnell und verschwendet keine Zeit. Er
braucht nur eine Stunde, um einen Schauspieler, der einen Zwerg
spielt, mit einer Perücke, einem Bart und einem Schnurrbart aus-
zustatten, aber da es so viele sind, hat er ein ganzes Team, das ihn
unterstützt. Ansonsten bräuchte er den ganzen Tag. Einige der
Schauspieler mussten auch falsche Nasen und andere Prothesen
tragen.

In seinem Blog schrieb Sir Ian McKellen über das erste Mal,
das Rick ihn beim *Hobbit* in Gandalf verwandelt hatte: »Die
falsche Nase sah anders aus, als wir sie in Erinnerung hatten.
Das liegt daran, dass sie anders war. Ich hatte mir eine kleinere

Nase als beim letzten Mal gewünscht. Die Skulpteure von Weta stellten sowieso neue Nasen her. Nasen aus Silikon ersetzten die alten klebrigen Dinger aus Gelatine, die immer verrutschten, wenn der Zauberer nieste oder schrie. Es ist wieder wie in alten Zeiten: Gandalfs Kleider hängen in meinem Wohnwagen und dann kommt Emma Harre herein, die mich auch letztes Mal angekleidet hat. Sie ist tapfer, anständig, zuverlässig und bereit, meine morgendliche schlechte Laune und abendliche Trägheit zu ertragen. Wir kichern, wenn wir uns an die Tricks und Schichten des Kostüms erinnern, an die versteckten Gürtel und Schnallen. Alles ist neu und sieht auch so aus. Aber alles passt, sogar der neue Hut. Dann schreite ich lächelnd zum Studio.«

Schon gewusst?

Sir Ian war es untersagt, das Gandalf-Kostüm aus *Der Herr der Ringe* zu tragen. In seinem Blog erklärte er dazu: »Das Originalkostüm, das ich in *Der Herr der Ringe* getragen habe, hängt traurig auf einem Ständer neben der Kamera. Ich kann es in *Der Hobbit* nicht tragen, weil es bereits als ›historisch‹ gilt. Ann hat zwei Veränderungen vorgenommen, die vielleicht nur wenigen auffallen werden, mir gefallen sie aber, weil sie auf die Vorstellung von Gandalf in *Die Gefährten* Bezug nehmen, bei der ein silberner Schal und schwarze Stiefel erwähnt werden. Im Film war der Schal nur einmal zu sehen, in Hobbingen an Gandalfs Wagen gebunden, und komischerweise danach nicht mehr. Jetzt trage ich einen beachtlichen, magisch aussehenden Schal, mit dem ich spielen kann. Ich habe ihn bereits zu einem stylishen Turban gebunden. Und wie es J.R.R. Tolkien beschrieben hat, kann man unter der vertrauten Robe ein Paar schwarze Stiefel entdecken. Sie werden natürlich neu aussehen. Es sind Reitstiefel, solche, die man schnell anziehen kann. Gandalf hat es oft eilig. Seine alten Stiefel waren geschnürt und Emma musste mir beim An- und Ausziehen helfen. Das ist nicht gut für einen Zauberer auf der Flucht. Außerdem waren sie grau und nicht schwarz.«

Richard Armitage hat nie zuvor eine Rolle gespielt, in der er so viel Make-up tragen musste wie als Thorin. Kevin P. Sullivan von MTV gegenüber sagte er: »Wir haben alle mit einer ziemlich extremen Version unserer selbst angefangen. Meine Figur ist oft zu sehen und man muss verstehen, was sie emotional durchmacht. Also war klar, dass die Prothesen meinem Gesicht so ähnlich wie möglich sein und mich trotzdem zum Zwerg machen mussten, damit es leichter ist, meine Figur zu verstehen. Thorin macht eine Entwicklung durch, weshalb das Verständnis für ihn echt wichtig ist. Es ist komisch, aber ich kann die Figur jetzt nicht mehr spielen, wenn ich nicht das ganze Kostüm anhabe. Ohne Kostüm, ohne die Prothesen zu proben ist schwierig. Wenn alles fertig ist und ich in den Spiegel schaue, kann ich nicht erkennen, wo die Maske anfängt und wo sie endet. Ich sehe nur die Figur – das hatte ich noch nie. Das ist eine einzigartige Erfahrung. Das Gesicht gehört nicht mir – es gehört Weta Workshop und den Leuten, die es erschaffen haben.«

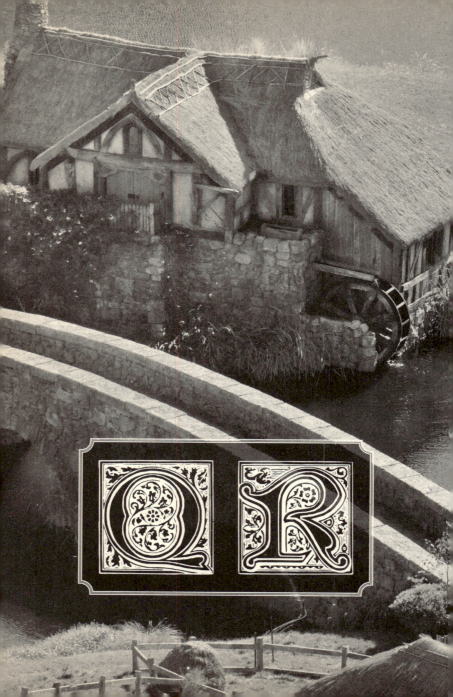

QUELLEN

Bei der Erschaffung seiner Fantasiewelt um Mittelerde bediente sich Tolkien vieler mythologischer Quellen. Er ließ sich beim Schreiben vor allem von skandinavischen und deutschen Legenden inspirieren. Als Sprach- und Literaturwissenschaftler beschäftigte er sich mit der altnordischen Literatur, den Islandsagas und den Eddas, zwei Schriften auf Altisländisch, sowie mit der deutschen Volkssage.

> **Schon gewusst?**
> Tolkien hat Kilis Namen aus dem alten skandinavischen Gedicht *Völuspá* übernommen.

Tolkien gab das angelsächsische epische Heldengedicht *Beowulf* als eine seiner »wertvollsten Quellen« an. Man kann einige Parallelen zwischen dem ziehen, was in *Der Hobbit* passiert, und dem, was sich in *Beowulf* abspielt. Zum Beispiel kommt es in beiden Geschichten vor, dass ein Dieb einen Pokal aus einem Drachenhort stiehlt.

RADAGAST

Name: Radagast
Auch bekannt als: Aiwendil (»Vogelfreund«), Radagast der Einfallspinsel, Radagast der Narr, Radagast der Braune, Radagast der Vogelbändiger
Volk: Maiar/Istari/Ithryn
Gespielt von: Sylvester McCoy
Beschreibung: Gandalf behauptet, er sei sein Cousin, aber das könnte auch bedeuten, dass sie einfach eine enge Freundschaft verbindet. Er ist ein Freund von Beorn und trägt braune Kleidung.

Radagast wird von Sylvester McCoy gespielt. Der als Percy James Patrick Kent-Smith geborene Schotte kam in Dunoon zur Welt. Seine Eltern waren zwar Iren, lebten aber in Schottland. Sylvesters Vater starb im Zweiten Weltkrieg, bevor der Sohn zur Welt kam, weshalb er von seiner Mum, seiner Großmutter und seinen Tanten aufgezogen wurde.

Als Kind wusste er nicht, was er werden wollte, beschloss dann aber, Priester zu werden, weshalb er im Alter von zwölf bis 16 das Blairs College in Aberdeen besuchte. Dort begann er sich für Geschichte zu interessieren und wurde ein Fan klassischer Musik. Mit 16 entschied er sich dann, lieber Mönch als Priester zu werden, aber man sagte ihm, dass er dafür noch zu jung sei. Die Zurückweisung veränderte den Verlauf seines Lebens, denn fortan besuchte er die Dunoon Grammar School, wo er täglich mit Mädchen zusammenkam. Da wurde ihm klar, dass er Mädchen zu sehr mochte, um Mönch zu werden. Also zog er nach dem Schulabschluss nach London und nahm einen Job bei einer Versicherung an. Er blieb bei der Firma, bis er 27 war, und bekam dann einen Job an der Kasse des Roundhouse Theatre.

Sheila Connor vom *The British Theatre Guide* vertraute er Folgendes an: »In den Sechzigern und Siebzigern war das Roundhouse ein wunderbarer Ort, an dem viele Avantgarde-Stücke aufgeführt und Rockkonzerte veranstaltet wurden. Eines Abends war ich Türsteher bei den Rolling Stones. Ich nahm den Job dort an, weil es ein echter Hippieladen der Swinging Sixties war, und ich habe ihn bekommen, weil ich den Koch kannte. Damals war ich aus dem Londoner Finanzdistrikt geflüchtet und habe mir die Haare lang wachsen lassen. Ich wollte einfach nicht mehr dort sein und im Roundhouse suchte man einen Hippie für die Buchhaltung.«

Schauspieler wurde er eigentlich durch Zufall, wie er erklärt: »Brian Murphy, der Schauspieler, den man aus der ITV-Sitcom

Man About the House kennt, hat immer die Tickets abgeholt, die ich verkauft habe, weil seine Frau in der Verwaltung des Roundhouses arbeitete. Wenn er nicht arbeitete, trug er Tickets aus. Er glaubte, dass ich Schauspieler sei und empfahl mich einem Typen namens Ken Campbell. Es war also alles ein Zufall.«

So wurde er Mitglied bei der Theatergruppe The Ken Campbell Roadshow, zu der auch Bob Hoskins, Dave Hill, Jane Wood und ein paar andere gehörten. Die Gruppe trat in Pubs auf und überall, wo es nur ging. Eines Abends sollte das in einem Zirkus passieren, also beschloss ihr Regisseur, eine Zirkusnummer mit einem Stuntman namens Sylvester McCoy einzubauen. Im Programmheft stand, dass Sylvester McCoy von einem Schauspieler mit diesem Namen gespielt werden würde, obwohl Percy diesen Part übernahm. Es handelte sich nur um einen Scherz des Regisseurs, aber ein Kritiker glaubte, dass es wirklich einen Sylvester McCoy gäbe. Als Percy das erkannt hatte, beschloss er, diesen Namen als Künstlernamen zu benutzen.

Während seiner Zeit bei The Ken Campbell Roadshow erregte er die Aufmerksamkeit der Regisseurin Joan Littlewood, die ihn ermutigte, für mehrere Theaterstücke vorzusprechen. Er wurde zu einem erfolgreichen Bühnenschauspieler, bevor er 1987 als siebter Doctor Who im Fernsehen seinen Durchbruch schaffte. Seit seinem Ruhestand bei *Doctor Who* 1989 tritt er weiter auf der Bühne, im Fernsehen und in Filmen auf.

Peter Jackson lernte Sylvester 2007 in Wellington kennen. Der Schauspieler hatte in *König Lear*, einer Produktion der Royal Shakespeare Company, mitgewirkt und Ian McKellen stellte die beiden einander vor. Peter war begeistert, weil er ein großer *Doctor Who*-Fan ist.

Als Sylvester McCoy als Radagast verpflichtet wurde, waren die Fans überrascht. Quickbeam schrieb in einem Artikel auf TheOneRing.net: »Ich bin sehr gespannt, was McCoy in die Rolle einbringen kann. Es gibt Gerüchte, die besagen, dass Radagasts rustikales Haus am Rand des Düsterwaldes – Rhosgobel – eine größere Rolle spielen wird, als zuerst zu vermuten war. Ich bin gespannt! Diese Art von ›neuem‹ Material in Peter Jacksons Filmadaption ist genau genommen nicht kanonisch, nicht auf den Seiten von *Der Hobbit* zu finden. Es kommt aber aus einem anderen Tolkien-Buch. Es entstammt den Anhängen von *Die Rückkehr des Königs*. Daher ist es äußerst interessant, wie es in den neuen Filmen umgesetzt wird. Unter Puristen könnte das für Aufregung sorgen.«

Schon gewusst?
Sylvester McCoy versucht zur Freude seiner Fans, in jedem Film, in dem er mitspielt, Musik mit Löffeln zu machen. Seine Fans finden das sehr witzig.

REQUISITEN

Die Kostüme für die *Hobbit*-Filme wurden von Ann Maskrey und Richard Taylor entworfen. Richard betreute außerdem Weta Workshop, wo die Waffen, Rüstungen, Requisiten und Prothesen hergestellt wurden.

Requisiten aus *Der Hobbit* und den *Herr der Ringe*-Filmen sind äußerst wertvoll und können viel Geld einbringen, wenn sie verkauft werden. Einer der Requisitenbauer von *Der Hobbit* und den *Herr der Ringe*-Filmen war bestürzt, als am 4. Mai 2011 Diebe in sein Haus in Paraparaumu in Neuseeland eingebrochen waren.

Die Diebe nahmen alles von Wert mit, das sie in Dallas Polls Haus finden konnten, unter anderem Festplatten mit über 25.000

Familienfotos, seinen Computer, den Fernseher, Gitarren und unbezahlbare Requisiten, die er nie mehr ersetzen kann. Sie stahlen seine *Star Wars*-Stormtrooper-Uniform, die er auf Benefizveranstaltungen getragen hat, um Geld für Kinder zu sammeln, und die Nachbildung von Aragorns Schwert, das er erhalten hatte, nachdem er in den *Herr der Ringe*-Filmen Aragorns Double war. Außerdem wurden eine Venatosaurus-Büste aus *King Kong* und eine Statue von Sam Gamdschie und Bill dem Pony, ein echtes Sammlerstück, entwendet.

Poll sagte Stuff.co.nz gegenüber: »Es ist niederschmetternd. Sie haben Sachen mit emotionalem Wert genommen – viele persönliche Dinge, die ich gern wiederhätte. Ich mache mir Sorgen, dass das Schwert in die falschen Hände geraten ist – es ist immerhin ein großes Stahlschwert.«

Tolkien-Fans versuchten zu helfen und hielten die Augen offen, für den Fall, dass einige der Dinge in Chatrooms oder auf anderen Seiten zum Verkauf angeboten werden, aber bisher ist nirgends etwas aufgetaucht und die Polizei ermittelt immer noch.

Fiona Thomson aus Glenview, Neuseeland, gehörte zu dem Team, das die Kleider und Waffen für Martin Freeman und die Schauspieler, die die Zwerge und Orks spielen, herstellte. Normalerweise führt sie einen Schusterladen, aber vier Monate verbrachte sie am Set von *Der Hobbit*. Im beruflichen Alltag stellt sie Taschen, Portemonnaies und Gürtel aus Leder her. Rüstungen zu erschaffen war etwas Außergewöhnliches für sie. Sie war allerdings nicht ängstlich, weil sie schon über dreißig Jahre Erfahrung hat. Als sie wieder zu Hause war, musste sie Stillschweigen bewahren, weil sie zur Geheimhaltung verpflichtet worden war und selbst nicht wollte, dass jemand herausfand, wie die Rüstungen aussehen, bevor der erste Film ins Kino kam.

Die Requisite, auf die alle gespannt waren, war Thorins Schwert: Orkrist, der Orkspalter. Im Buch steht, dass das Schwert von Elben geschmiedet worden war und blau leuchtet, wenn Orks in der Nähe sind. Richard Armitage war wahrscheinlich am gespanntesten, weil er das Schwert schwingen würde. Er fand es wunderschön, war aber überrascht, wie schwer es war, als er es in die Hand nahm. Die anderen Schauspieler, die Zwerge darstellten, waren begeistert von den Rüstungen, die sie nach Smaugs Tod tragen würden – sie waren noch besser, als sie sie sich vorgestellt hatten.

Während der Dreharbeiten erhielten Crew und Schauspieler die traurige Nachricht, dass Bob Anderson im Alter von 89 Jahren gestorben war. Über die Jahre hatte er viele Schauspieler aus Blockbustern für Fecht- und Schwertkämpfe trainiert, unter anderem für *Der Herr der Ringe*, *Star Wars*, *Fluch der Karibik* und *Die Legende des Zorro*.

Nachdem er die traurige Nachricht erhalten hatte, schrieb Peter Jackson auf seiner Facebook-Seite: »Selbst in der Filmbranche hat man selten die Chance, mit einer Legende zusammenzuarbeiten, weshalb ich begeistert war, als Bob Anderson sich bereit erklärte, bei *Der Herr der Ringe* unser Schwertmeister zu sein. Es dauerte eine Weile, bis ich kapiert hatte, dass ich mit dem Mann zusammenarbeiten würde, der einige der großartigsten Kampfszenen des Kinos choreografiert hatte – von *Star Wars* bis zu *Die Braut des Prinzen*. Bob war ein brillanter Schwertkämpfer und ein talentierter Lehrer. Ich werde ihn als wunderbar geduldigen Mann in Erinnerung behalten, der einen tollen Sinn für Humor hatte. Es ist mir eine Ehre, ihn gekannt zu haben.«

Die Schauspieler und die Crew waren auch betrübt, als sie erfuhren, dass David Bain, der Böttcher, der die Tonnen hergestellt hatte, in denen die Zwerge fliehen, vor dem Ende der Dreharbeiten gestorben war. David stammte eigentlich aus Schottland, wo er sein Handwerk erlernt hatte, bevor er mit seiner Frau nach Neuseeland auswanderte. Auch bei den *Herr der Ringe*-Filmen war er als Böttcher tätig gewesen, genauso wie bei *Die Chroniken von Narnia – Der König von Narnia*, *Underworld* und schließlich beim *Hobbit*.

ROÄC
Name: Roäc
Volk: Raben
Beschreibung: Roäc ist ein uralter, fast blinder Rabe, der kaum noch fliegen kann. Sein Vater hieß Carc und lebte auf dem Einsamen Berg, als Smaug dort hinkam. Carc blieb mit seiner Frau da und 18 Jahre später wurde Roäc geboren. Roäc ist ein Freund der Zwerge und spricht vor der Schlacht der fünf Heere mit Dáin. Er verkündet Thorin und den anderen Zwergen, dass Smaug getötet wurde, und warnt sie davor, dass Elben und Menschen aus der Seestadt einen Teil des Schatzes für sich beanspruchen.

SARUMAN

Name: Saruman
Auch bekannt als: Saruman der Weiße, Curunír (»Mann der schlauen
Pläne«), Curumo, Saruman der Vielfarbige, Scharker oder Sharkû
(»Alter Mann«)
Volk: Maiar/Istari/Ithryn
Gespielt von: Christopher Lee
Beschreibung: Saruman wird in *Der Hobbit* nicht mit Namen genannt.
Er ist sehr groß. In Tolkiens *Nachrichten aus Mittelerde* hat er raben-
schwarzes Haar, aber in *Der Herr der Ringe* wird er als alter Mann mit
weißen Haaren beschrieben.

Saruman wird in den *Hobbit-* und den *Herr der Ringe*-Filmen von
Sir Christopher Lee gespielt. Dieser wurde am 27. Mai 1922 in
London geboren, was ihn zum ältesten Schauspieler in diesen
Filmen macht.

Nachdem er die Schule verlassen hatte, arbeitete er als Büro-
angestellter. 1941 wurde er Soldat bei der Royal Air Force und
kämpfte im Zweiten Weltkrieg. 1947 schied er aus der Royal
Air Force aus und wurde Mitglied der Rank Organisation,
der größten Filmgesellschaft Großbritanniens, die von dem
Industriellen J. Arthur Rank gegründet worden war. Zuerst erhielt Lee eine Ausbildung und spielte dann in Rank-Filmen mit.
Er trat unter anderem in *Im Banne der Vergangenheit*, *Hamlet*, *One
Night with You* und *A Song for Tomorow* auf.

Als er in den Fünfzigern für Hammer Film Productions
arbeitete, entwickelte sich Christopher Lee zu einem bekannten
und beliebten Schauspieler. Er spielte Creature in *Frankensteins
Fluch*, Dracula in *Dracula*, Kharis, die Mumie in *Die Rache der
Pharaonen* und Sir Henry in *Der Hund von Baskerville*, um nur
einige seiner Rollen zu nennen. Er war ein großartiger Schauspieler des Horrorgenres, wandte sich aber in den Siebzigern einer

größeren Bandbreite zu, da er nicht in eine Schublade gesteckt werden wollte.

Über die Jahre wurde er zu einem der beliebtesten britischen Schauspieler, er war in 275 Filmen zu sehen, womit er es ins *Guinness-Buch der Rekorde* schaffte. Am bekanntesten sind seine Rollen als Dracula, Francisco Scaramanga in dem *James Bond*-Film *Der Mann mit dem goldenen Colt* und Count Dooku/Darth Tyranus in *Star Wars: Episode II – Angriff der Klonkrieger*. 2001 ernannte ihn die Queen aufgrund des Beitrags, den er für die Film- und Fernsehbranche geleistet hat, zum Commander des Order of the British Empire.

Da Sir Christopher bereits neunzig Jahre alt ist, nimmt er nur noch Jobs an, die er wirklich gern macht. Er spielt nur noch Rollen, bei denen er lediglich ein paar Tage drehen muss, weil ihn das sonst zu sehr anstrengt. Er war sehr daran interessiert, Saruman in den *Hobbit*-Filmen zu spielen, konnte die lange Reise nach Neuseeland aber nicht antreten. Stattdessen drehte er seine Szenen für die Filme an vier Tagen in London. In dem Weihnachtsvideo für seine Fans sprach er 2011 davon, dass er die Veröffentlichung der Filme gern noch erleben möchte. Außerdem erinnerte er sie daran, dass Saruman in *Der Hobbit* ein guter und nobler Mann und Vorsitzender des Weißen Rates ist, wie er es immer war.

Schon gewusst?

Christopher Lee ist der einzige Schauspieler aus *Der Herr der Ringe* oder *Der Hobbit*, der Tolkien noch persönlich kannte. Er wird als Experte für die Bücher angesehen, die er einmal im Jahr liest.

Für mehr Informationen über Christopher Lee siehe www.christopherleeweb.com.

SMAUG DER DRACHE

Name: Smaug
Auch bekannt als: Seine Herrlichkeit, Smaug der Goldene, Fürst Smaug der Undurchdringliche, der Drache, Smaug der Gewaltige, ehrwürdigste und entsetzlichste aller Katastrophen, großmächtiger Smaug
Volk: Drachen (Feuerschlangen)
Gespielt von: computeranimiert mit der Stimme von Benedict Cumberbatch
Beschreibung: Der Drache Smaug ist rotgolden. Er tötet gern Zwerge und andere Wesen und lebt im Einsamen Berg, umgeben von seinem Schatz.

Der britische, in London geborene Schauspieler Benedict Cumberbatch lieh Smaug dem Drachen seine Stimme. Man kennt ihn als Sherlock Holmes aus der BBC-Serie *Sherlock – Eine Legende kehrt zurück* und als Stephen Hawking in dem Fernsehfilm *Hawking – Die Suche nach dem Anfang der Zeit* (2004).

Als Guillermo del Toro noch Regisseur der Filme war, erzählte Benedict Daniel Zalewski vom *New Yorker.* »Ich bin mein ganzes Leben lang von Drachen fasziniert gewesen, denn ich wurde unter dem chinesischen Sternzeichen des Drachen geboren. Ich sammle schon immer Drachen. Der Drache ist ein so mächtiges Symbol und im *Hobbit* wirft er seinen Schatten in der ganzen Geschichte voraus. Smaug repräsentiert so viele Dinge: Gier und Stolz. Schließlich ist er ›seine Herrlichkeit‹. So wie er seinen Schatten vorauswirft, kann man nicht nur einen Aspekt von ihm zeigen, er muss all diese Dinge verkörpern. Er ist einer der wenigen Drachen, die große Szenen und Text haben, er spricht in seinen Szenen ein paar wunderschöne Sätze. Ich schätze, sein Design wird das letzte sein, das abgesegnet wird, und das erste, das man in Angriff genommen hat. Man muss sicher jeden Stein umdrehen, bevor man herausfindet, wie er aussieht, weil sein Aussehen verrät, wer er ist.«

Schon gewusst?

Die Tatsache, dass Benedict Cumberbatch für *Der Hobbit* gecastet wurde, sollte ein Geheimnis bleiben, aber Martin Freeman verriet es aus Versehen bei den BAFTA Awards 2011. Sir Ian McKellen schrieb daraufhin in seinem Blog: »Die Katze ist aus dem Sack. Der Schauspieler ist genannt. Der letzte Rekrut der Jackson-Truppen ist der hervorragende Benedict Cumberbatch.«

Cumberbatch sprach mit den *MTV News* über die Zusammenarbeit mit Peter Jackson und Martin Freeman (der Watson in *Sherlock* und Bilbo in *Der Hobbit* spielt). Er gab zu: »Ich hatte Glück, mit Pete zusammenarbeiten zu können. Es war eine außergewöhnliche Erfahrung. Ich war bei der Arbeit mit ihm und diesem unglaublichen Team allein. Ich war an diesem coolen Ort mit all der Technologie und machte Motion-Capture-Aufnahmen für zwei Figuren – für Smaug den Drachen und eine andere, die ich nicht verraten werde - und es hat echt viel Spaß gemacht.«

Die andere Figur, die Benedict spielt und deren Namen er in dem Interview mit den *MTV News* nicht verraten wollte, ist der Nekromant (der sich als Sauron entpuppt). In einem anderen Interview mit der Zeitschrift *Empire* sagte er, dass der Nekromant eine Figur aus dem »Five Legions War« sei, die Jackson in die *Hobbit*-Filme einbauen wollte. Viele Tolkien-Fans ärgerten sich, dass er »Five Legions War« gesagt hatte, denn er hätte eigentlich »Battle of Five Armies« (Schlacht der Fünf Heere) sagen müssen. Aber die *Sherlock*-Fans sahen es ihm nach, schließlich ist irren menschlich und er muss durcheinandergekommen sein.

Benedict verbrachte nicht so viel Zeit am Set, weil er vor allem mit der Synchronisation beschäftigt war, aber er sah Martin Freeman in seinem Bilbo-Kostüm. Das fand er ziemlich lustig: »Das war toll. Wir hingen ein bisschen rum und ich schaffte es, eine Weile keine Miene zu verziehen. Dann musste ich lachen, weil ich Martin kenne, aber nicht Bilbo. Es ist großartig, dass Martin Bilbo spielt. Er wird in dem Film fantastisch sein!«

Filmfakt
Im April 2011 veröffentlichte das Magazin *Forbes* eine Liste mit den reichsten fiktionalen Figuren. Smaug landete auf Platz eins. Das sind die Top Ten:
1. Smaug: 62 Milliarden Dollar
2. Mac Moneysac: 51,9 Milliarden Dollar
3. Carlisle Cullen: 36,3 Milliarden Dollar
4. Jed Clampett: 9,8 Milliarden Dollar
5. Tony Stark: 9,3 Milliarden Dollar
6. Richie Rich: 8,9 Milliarden Dollar
7. Charles Foster Kane: 8,3 Milliarden Dollar
8. Bruce Wayne: 6,9 Milliarden Dollar
9. Forrest Gump: 5,7 Milliarden Dollar
10. Mr Monopoly: 2,5 Milliarden Dollar

SPINNEN
Name: Spinnen
Auch bekannt als: Atterkopp
Volk: Spinnen
Beschreibung: Die Spinnen sind riesige Tiere mit Körpern von der Größe eines Fußballs und langen, haarigen Beinen. Sie betrachten die Zwerge und Bilbo als leckeres Fleisch.

Schon gewusst?
Tolkien hatte Spinnen in den *Hobbit* eingebaut, weil sein Sohn Michael sie hasste.

Als Guillermo del Toro noch der Regisseur war, traf er sich mit dem Designteam von Weta Workshop, um über Ideen für das Äußere der Spinnen zu beraten. Er wollte nicht, dass sie genauso aussehen wie Kankra aus den *Herr der Ringe*-Filmen.

STIMMTRAINER

Leith McPherson gehört zu den Stimmtrainern beim *Hobbit*. Sie ist Stimm-, Dialekt- und Schauspiellehrerin und zog nach Neuseeland, damit sie den Schauspielern immer mit Rat und Tat zur Seite stehen konnte. Auf ihrer Homepage hinterließ sie folgende Nachricht: »Danke, dass ihr vorbeischaut. Ich werde 2011 und 2012 viel in Neuseeland sein und arbeiten, aber Mitte 2011 arbeite ich in Melbourne zusammen mit Simon Phillips und Ewen Leslie (und William Shakespeare) bei der Melbourne Theatre Company an *Hamlet*. Durch mein Filmengagement werde ich schwer zu erreichen sein, aber per E-Mail stehen die Chancen am besten, bis ich wieder im Land bin. Viele Grüße und ich hoffe, ihr habt ein wunderbares Jahr.«

Leith wurde in London an der Central School of Speech and Drama ausgebildet. In den vergangenen 14 Jahren hat sie Hunderten Schauspielern aus der ganzen Welt geholfen, in vielen verschiedenen Dialekten zu sprechen. Es sind zu viele, um sie aufzuzählen. Während der letzten zwei Jahre hat sie sich mit einigen Schauspielern von *Der Hobbit* angefreundet.

STUNTMEN

Für die *Hobbit*-Filme brauchte man viele Stuntmen, besonders für die Kampfszenen. Zu den Stuntmen gehörte auch der 2,04 Meter große Basketballstar Michael Homik, der für die Manawatu Jets spielte, als die Dreharbeiten stattfanden. Homik hatte vorher noch nie als Stuntman gearbeitet, aber es machte ihm so viel Spaß, dass er beschloss, sich aus dem Basketball zurückzuziehen, um sich eine Karriere in diesem Metier aufzubauen. Zu Stuff.co.uk sagte er: »Ich bin traurig, wenn ich daran denke, die Basketballschuhe an den Nagel zu hängen und zurückzublicken, weil das mein Leben war – Basketball, die letzten 17 Jahre. Jeden Tag bis zum *Hobbit*.«

Bereits im Februar 2012 hatte er mit dem Journalisten darüber gesprochen, wie es als Stuntman war. Er verriet: »Vor allem kämpfen wir und wir fallen irgendwo runter. Das macht Spaß. Es ist, als wäre man ein großes Kind, nur ein bisschen professioneller.«

Wie viele andere Stuntmen aus den *Hobbit*-Filmen hat Michael Erfahrung mit Kampfsport. Er beherrscht Karate, Taekwondo und Muay Thai (so etwas Ähnliches wie Kickboxen).

Viele der anderen Stuntmen hatten bereist zusammengearbeitet, unter anderem bei *Der Herr der Ringe*, *Yogi Bär*, *King Kong*, *Avatar*, *Die Abenteuer von Tim und Struppi* und *Spartacus*.

Hier ist eine Liste der Zwergen-Stuntdoubles:

Allan Smith (Jed Brophy/Nori) • Bronson Steel (Stephen Hunter/Bombur) • David J. Muzzerall (Adam Brown/Ori) • Isaac Hamon (John Callen/Óin) • James Waterhouse-Brown (Dean O'Gorman/Fili) • Jeremy Hollis (Mark Hadlow/Dori) • Mana Hira Davis (Richard Armitage/Thorin) • Peter Dillon (Ken Stott/Balin) • Sean Button (Aiden Turner/Kili) • Scott Chiplin (William Kircher/Bifur) • Tony Marsh (Peter Hambleton/Glóin) • Vincent Roxburgh (James Nesbitt/Bofur) • Winham Hammond (Graham McTavish/Dwalin)

TAURIEL

Name: Tauriel (»Tochter des Düsterwaldes«)
Volk: Silvan-Elben aus dem Düsterwald
Gespielt von: Evangeline Lilly
Beschreibung: Tauriel taucht im Buch *Der Hobbit* nicht auf. Als Anführerin der Elbenwache wurde sie extra für die Filme erschaffen. Sie ist eine starke Kämpferin, die sich mit Pfeil und Bogen oder Dolchen gegen Feinde wehrt.

Die kanadische Schauspielerin Evangeline Lilly, die heute auf Hawaii lebt, übernahm die Rolle der Tauriel. Sie ist vor allem für ihre Rolle als Kate Austen in der Fernsehserie *Lost* bekannt. Bei den Dreharbeiten zu dieser Serie lernte sie Dominic Monaghan kennen, mit dem sie fünf Jahre zusammen war. Dieser hatte in den *Herr der Ringe*-Filmen Meriadoc Brandybock gespielt. Das Paar trennte sich 2009.

Zu ihrer Rolle als Tauriel sagte sie *Access Hollywood*: »Meine Figur ist eine Erfindung von Peter Jackson und Fran Walsh. Die Fans werden sie also entweder lieben oder absolut hassen, weil sie nicht authentisch ist. Ich denke aber, dass sie doch authentisch ist, denn Tolkien erwähnt die Wachen – er spricht nur nicht darüber, wer sie im Einzelnen sind. Peter und Fran kennen diese Welt so gut. Sie würden keine Figur kreieren, die nicht in Tolkiens Welt passt.«

Peter Jackson gab ihre Verpflichtung auf seiner Facebook-Seite bekannt. Er schrieb: »Evangeline Lilly wird eine neue Figur spielen – die Düsterwaldelbin Tauriel. Ihr Name bedeutet ›Tochter des Düsterwaldes‹, alles andere bleibt eurer Fantasie überlassen! (Nein, es wird keine Romanze mit Legolas geben.) Kein Geheimnis ist dagegen, wie talentiert und unwiderstehlich Evangeline ist. Wir sind begeistert und freuen uns, dass sie unsere erste Silvan-Elbin zum Leben erwecken wird.«

Tauriel

Evangeline ist riesiger Tolkien-Fan und wollte sich die *Herr der Ringe*-Filme eigentlich nicht ansehen, weil sie nicht glaubte, dass sie dem Buch gerecht werden konnten. Gegenüber Reelz. com gab sie zu: »Ich empfand es als Sakrileg, dass irgendjemand Tolkiens Werk adaptierte. Ich hätte nicht gedacht, dass jemand eine Verfilmung rechtfertigen könnte, indem er die Filme so gut macht, wie sie sein sollten. Als ich meine Familie besuchte, wollten alle ins Kino gehen, also gab ich nach und begleitete sie. Wir sind alle Fans der Bücher und waren ausnahmslos begeistert. Was Peter Jackson da gemacht hatte, war Zauberei - eine echte Hommage an die Bücher und keine Beleidigung.«

Da sie selbst ein so großer Fan von Tolkiens Büchern ist, erwartete Evangeline negative Reaktionen der Fans, weil sie eine neue Figur spielen würde. Im September 2011 gab sie zu: »Ich mache mir bis heute Sorgen, dass die Leute sich den Film ansehen und ich der Negativpunkt sein werde. Ich weiß, wie unerbittlich die Puristen sind, denn ich bin einer von ihnen! Abgesehen davon habe ich *Der Hobbit* noch einmal als Erwachsene gelesen und verstehe nun, warum man zusätzliche Figuren – vor allem weibliche – braucht, um die Geschichte als Adaption abzurunden. Im *Hobbit* kommen keine weiblichen Figuren vor. Es ist eine sehr lineare Geschichte, eben ein Kinderbuch. Was Peter, Fran und Philippa gemacht haben, steht im Einklang mit Tolkiens Welt, es fügt eine dritte Dimension zu einer ansonsten zweidimensionalen Geschichte hinzu.«

Im Januar 2012 sprach sie mit *Yahoo Movies* darüber, wie sie sich auf ihre Rolle als Tauriel vorbereitete. Evangeline erklärte: »Normalerweise bin ich eine ziemlich spontane Schauspielerin. Ich habe es gern, wenn alles frisch, echt und lebendig wirkt. Deshalb bereite ich mich nicht so viel vor.« Für ihre Rolle als Tauriel musste sie dies allerdings ändern: »Ich kann nicht spontan sein, weil es nicht natürlich ist, eine Elbin zu sein. Sie ist nicht menschlich, also muss ich lernen, was es heißt, ein anderes Wesen zu spielen. Zusätzlich zu meinem Stunttraining, bei dem ich übe, mit Pfeil und Bogen und Dolchen umzugehen und gegen drei Meter große Orks zu kämpfen, muss ich lernen, Elbisch und akzentfreies Englisch zu sprechen.«

THORIN EICHENSCHILD
Name: Thorin
Auch bekannt als: Eichenschild, König unter dem Berg, König von Durins Volk im Exil
Volk: Zwerge, Durins Volk
Gespielt von: Richard Armitage
Beschreibung: Thorin ist der geborene Anführer, stark und mutig. Er will den Einsamen Berg und den Schatz von Smaug zurückerobern.

In den *Hobbit*-Filmen spielt Richard Armitage Thorin. In dem Trickfilm von 1977 lieh Hans Conried ihm seine Stimme.

Filmfakt:
Als Guillermo del Toro noch der Regisseur der Filme war, hatte er Brian Blessed gefragt, ob er Thorin spielen wolle. Der Brite Blessed ist vor allem für seine tiefe, dröhnende Stimme bekannt. Er war Lord Locksley in *Robin Hood – König der Diebe* (1991) und Richard IV. in der ersten Staffel von *The Black Adder* (1983).

Der Engländer Richard Armitage wurde in Leicester geboren und wusste schon in jungen Jahren, dass er Schauspieler werden wollte. *Metro* gegenüber verriet er: »Als Kind habe ich *Der Herr der Ringe* ungefähr fünfmal gelesen. Ich träumte davon, auf ein Pferd zu steigen und all diese Sachen zu machen. Dann bin ich aufs College gegangen und habe mir regelmäßig die Royal Shakespeare Company angesehen. Ich sah *Ein Mittsommernachtstraum* und *Der Widerspenstigen Zähmung*. Ich erinnere mich, wie ich Shakespeare zum ersten Mal verstanden und darüber gelacht habe. Und ich dachte, das ist es, was ich machen möchte. Ich bin im Musical aufgetreten, wofür ich eigentlich nicht geschaffen bin – ich bin nicht so talentiert wie andere. Es gab offene Castings, für die in *The Stage* geworben wurde, bei denen man sich zusammen mit 3000 anderen Leuten vorstellte. Man stellte sich an, sang einen Song und zog wieder ab. Ich erkannte, dass das der falsche Bereich für mich war, ging wieder auf die Schauspielschule und machte den ganzen Prozess noch mal durch, versuchte aber diesmal Jobs als Schauspieler zu bekommen und wurde Teil der Royal Shakespeare Company. Die ersten zehn Jahre waren ein echter Kampf.«

Schon gewusst?

Mit 17 arbeitete Richard einige Wochen in einem Zirkus, um die Mitgliedskarte für die Schauspielergewerkschaft zu bekommen. Sein Job war es, Leitern für die Trapezkünstler festzuhalten und den Jongleuren Keulen zuzureichen. Er war auch schon als Platzanweiser in einem Theater und als Immobilienmakler tätig.

Seine erste große Fernsehrolle erhielt Armitage 2002 in dem BBC-Film *Sparkhouse*. Seitdem war er in Dutzenden Serien zu sehen. Am bekanntesten ist er für seine Darstellung des Sir Guy of Gisborne in der Serie *Robin Hood* und des Lucas North in *Spooks – Im Visier des MI5*. Außerdem spielte er John Thornton in *North & South*, einer BBC-Verfilmung des gleichnamigen Romans von Elizabeth Gaskell. Er denkt, dass er letzten Endes immer die Schurken spielt, weil er so aussieht. Dem *Telegraph* gegenüber meinte er: »Ich schätze, ich bin ein bisschen gemein. Mein Gesicht eignet sich einfach nicht für fröhliche, nette Typen. Ich denke, mein Knochenbau sieht einfach bedrohlich aus – ich lächle nicht so oft.«

Richard hat bereits in einigen Kinofilmen mitgespielt, unter anderem in *Frozen* und in *Captain America – The First Avenger*. Aber *Der Hobbit* ist das größte Projekt, an dem er je mitgewirkt hat. Er hat das Buch als Kind mehrmals gelesen und fand es interessant, es als Erwachsener noch einmal zu tun.

Anfangs lehnten einige Tolkien-Fans Armitage als Thorin ab. Ein Fan namens Moif hinterließ auf FirstShowing.net folgenden Kommentar: »Die Bilder der Zwerge, die bisher veröffentlicht wurden, stimmen nicht mit den Beschreibungen im Buch überein. Thorin Eichenschild soll sehr alt sein. Dieses Bild entspricht überhaupt nicht seiner Beschreibung.«

Ein anderer Fan mit dem Namen Kraeten fügte hinzu: »Es ist eine Sache, einen der Zwerge im Hintergrund wie einen jungen Menschen aussehen zu lassen, der klein ist. Aber es ist etwas anderes, den wichtigsten Zwerg aus *Der Hobbit* zu vermasseln.«

Der Regisseur Peter Jackson verteidigte Armitage in einem Interview mit *Entertainment Weekly*: »Thorin Eichenschild ist eine toughe, heldenhafte Figur und sollte Leggie [Legolas] und Aragorn einen harten Wettkampf um die Position als Herzensbrecher bieten – obwohl er nur 1,20 Meter groß ist. In Mittelerde sind Zwerge ein nobles Volk. Sie haben eine Kultur und ein Aussehen, die sie von den Menschen unterscheiden. Es macht Spaß, diese verschiedenen Kulturen für den Film zu entwickeln. Wir machen dieses Mal viel mehr mit den Zwergen als mit Gimli bei *Der Herr der Ringe*. Die 13 Zwerge in *Der Hobbit* erlauben es uns, viele unterschiedliche Persönlichkeiten zu entwickeln –

die Kostüme und das Make-up werden die verschiedenen Typen unterstreichen. Richard ist ein kraftvoller Schauspieler mit einer großen Bandbreite und wir freuen uns, Thorin an ihn zu übergeben. In dieser Partnerschaft muss Richard uns seine Tiefe, Bandbreite und Emotionen als Schauspieler geben und wir sorgen dafür, dass er wie ein Zwerg aussieht!«

Die Fans erhoben allerdings keinen Einspruch gegen Richard wegen seiner schauspielerischen Fähigkeiten, sondern weil sie das Gefühl hatten, dass er zu jung war, um Thorin zu spielen.

Schon gewusst?
Richard hasst Wasser und schwimmt nicht im Meer, wenn es nicht unbedingt nötig ist.

Auf einer Pressekonferenz zu den *Hobbit*-Filmen in Neuseeland wurde Armitage gefragt, warum er glaubt, dass er für die Rolle geeignet sei. Er antwortete:»Das ist wirklich eine gute Frage. Ich denke, Peter, Fran und Philippa sollten sie beantworten. Ich finde, es ist eine großartige Möglichkeit, eine Figur aus einem Buch, das ich als Kind kannte, zum Leben zu erwecken. Meine ersten Bühnenerfahrungen habe ich in einer Produktion von *Der Hobbit* am Alex Theatre in Birmingham gesammelt. Ich habe einen Elben gespielt. Gollum war eine kleine Puppe aus Pappmaschee und ein Mann mit einem Mikrofon. Die Geschichte spielte in meiner Kindheit eine wichtige Rolle. Es ist eine brillante Chance, als Erwachsener, als Mann mittleren Alters noch einmal einen Blick darauf zu werfen.«

Filmfakt:
Armitage und die anderen Schauspieler, die die Zwerge spielen, lernten die Zwergensprache Khuzdul, um während der Kampfszenen schreien zu können.

Richard wird seine Zeit beim *Hobbit* nie vergessen. Auf MTV sagte er: »Ich glaube nicht, dass es möglich sein wird, dieses Projekt hinter mir zu lassen – ich denke, das ist eine dieser Figuren, die bei einem bleibt, weil man so viel Zeit mit ihr verbracht hat und solch eine Verwandlung erforderlich war. Ich spiele diese Figur jeden Tag und bin so vertraut mit ihr. Irgendwie weiß ich, wie sie denkt. Ich fühle mich der Figur sehr nahe und das wird auch nach dem Job so sein. Ich halte Thorin für eine faszinierende Figur. Wahrscheinlich werde ich in sechs Jahren aufwachen und wieder über ihn nachdenken. Es ist wirklich aufregend.«

THRÁIN
Name: Thráin
Auch bekannt als: Durins Erbe, König von Durins Volk
Volk: Zwerge, Durins Volk
Gespielt von: Michael Mizrahi
Beschreibung: Thráin ist der Vater von Thorin. Er schaffte es, zusammen mit seinem Vater Thrór dem Angriff von Smaug dank einer geheimen Tür, von der nur sie wussten, zu entkommen. Thráin verlor in der Schlacht von Nanduhirion ein Auge.

Thráin wird von Michael Mizrahi gespielt. Michael stammt aus Neuseeland und spielt seit 1989 in Fernsehserien und -filmen mit. Er war Castor/Ratface in der Serie *Hercules* (1995–1996). Thráin ist seine bisher größte Rolle.

THRANDUIL, DER ELBENKÖNIG

Name: Elbenkönig Thranduil
Auch bekannt als: König der Waldelben
Volk: Sindar-Elben
Gespielt von: Lee Pace
Beschreibung: Der Elbenkönig trägt im Herbst eine Krone aus rotem Laub und Beeren und im Frühjahr eine aus Waldblumen. Er hat einen Stab aus Eichenholz.

Der Elbenkönig wird von dem amerikanischen Schauspieler Lee Pace gespielt, der in Chickasha, Oklahoma, geboren wurde, aber in Saudi-Arabien aufwuchs, da sein Vater dort arbeitete. Als Teenager kehrte er wieder in die USA zurück. In der High School begann er, sich für die Schauspielerei zu interessieren. Er war sich dermaßen sicher, dass er Schauspieler werden wollte, dass er die Schule abbrach und ein Engagement am Alley Theatre in Houston annahm. Ihm wurde allerdings klar, dass ein Schulabschluss nicht unwichtig ist, und so kehrte er zur High School zurück. Danach machte er eine Schauspielausbildung an der Juilliard School, wo er alles lernte, was er brauchte, um Erfolg zu haben.

Nach seinem Abschluss spielte er in Off-Broadway-Stücken mit, unter anderem in *The Credeaux Canvas* und *The Fourth Sister*. Er trat weiterhin im Theater auf, wurde 2003 aber auch als Calpernia Addams/Scottie für den Fernsehfilm *Soldier's Girl* gecastet. Mit seiner Darbietung beeindruckte er Kritiker und Zuschauer gleichermaßen und erhielt einen Gotham Award in der Kategorie Outstanding Breakthrough Performance. Auch für einen Golden Globe und einen Independent Spirit Award war er schon nominiert, ging am Ende aber leer aus.

Lee spielt noch immer Theater und tritt in Film und Fernsehen auf. Besonders bekannt ist er für die Rolle als Kuchenbäcker Ned in der Serie *Pushing Daisies* (2007–2009), in der auch Anna Friel und Kristin Chenoweth mitspielten.

Der Regisseur Peter Jackson gab Lees Verpflichtung auf seiner Facebook-Seite bekannt und teilte den Fans mit: »Ich freue mich auch, bekannt geben zu können, dass Lee Pace den Elbenkönig Thranduil spielen wird. Es ist ziemlich schwierig, Leute für diese Tolkien-Geschichten zu casten, besonders für die Elben. Lee war von Anfang an unsere erste Wahl für Thranduil. Er wird großartig sein. Wir waren von seiner Darbietung in dem Film *The Fall – Im Reich der Fantasie* vor ein paar Jahren begeistert und haben seitdem gehofft, einmal mit ihm zusammenarbeiten zu können. Als wir zum ersten Mal darüber sprachen, wer der Richtige für die Rolle des Thranduil sein würde, fiel uns sofort Lee ein.«

THRÓR
Name: Thrór
Auch bekannt als: König unter dem Berg
Volk: Zwerge, Durins Volk
Gespielt von: Jeffrey Thomas
Beschreibung: Thrór ist der Vater von Thráin und der Großvater von Thorin. König Thrór war ein reicher Zwerg, bis Smaug kam. Nachdem er mit seinem Sohn entkommen war, fertigte er eine Karte vom Einsamen Berg an.

Der in Wales geborene Schauspieler Jeffrey Thomas, der die meiste Zeit seines Erwachsenenlebens in Neuseeland verbrachte, übernahm die Rolle des Thrór. Er studierte in Liverpool und Oxford und verfasst Bücher, Theaterstücke und Drehbücher.

Man kennt Thomas vor allem in Neuseeland, weil er dort Inspektor Brian Finn in der Polizeiserie *Shark in the Park* gespielt hat und in den Soap Operas *Shortland Street* und *Mercy Peak* aufgetreten ist. Wie mehrere andere Schauspieler aus *Der Hobbit* spielte auch er in der Serie *Hercules* mit, die in Neuseeland und Amerika gedreht wurde. Mit Peter Jackson hat er schon einmal zusammengearbeitet, und zwar bei der Mockumentary *Kein Oscar für Mr. McKenzie* (1995).

TOM
Name: Tom
Volk: Steintrolle
Beschreibung: Tom, Bert und William sind Steintrolle, die sich im Sonnenlicht in Stein verwandeln.

Richard Armitage (Thorin) war begeistert, als er den Trollen begegnete, weil sie genauso aussahen wie die in *Der Herr der Ringe*. Deshalb hatte er das Gefühl, in *Der Herr der Ringe* und nicht in *Der Hobbit* mitzuspielen.

UNTER DEM BERG

Unter dem Einsamen Berg (Erebor in Sindarin) hatten die Zwerge ein Reich errichtet. Der Zwergenkönig dieses Reiches trägt den Titel »König unter dem Berg«. Thorin Eichenschild macht sich in *Der Hobbit* mit Bilbo und den zwölf anderen Zwergen auf den Weg, den Erebor von Smaug dem Drachen zurückzuerobern und so den Titel König unter dem Berg wiederzuerlangen, den schon seine Vorväter trugen.

VERZÖGERUNGEN

Martin Freeman wurde auf einer Pressekonferenz kurz vor Beginn der Dreharbeiten im März 2011 gefragt, ob er sich Sorgen wegen des »*Hobbit*-Fluchs« machte. Er sagte darauf: »Ich mache mir keine Sorgen. Ich schätze, der Film hatte eben ein bisschen Pech. Es ist schon fast komisch. Aber wir sind alle sehr optimistisch. Wir werden bereit sein, wenn das Jahr 2015 anbricht. Wir werden auf der Matte stehen.« Als er 2015 sagte, brachen die Schauspieler, die die Zwerge spielen, in lautes Gelächter aus.

Martin machte zwar einen Scherz, aber es hatte wirklich eine Verzögerung nach der anderen gegeben und viele Jahre lang sah es tatsächlich so aus, als würden die *Hobbit*-Filme nie gedreht werden. Peter Jackson und seine Frau Fran wollten eigentlich schon 1995 einen *Hobbit*-Film machen, sie hatten das Projekt aber ohne Erfolg vorgestellt. Das Problem bestand darin, dass der Filmproduzent Saul Zaentz die gesamten Rechte an *Der Herr der Ringe* besaß sowie die Produktionsrechte an *Der Hobbit*, aber für den *Hobbit* hatte er nicht die Vertriebsrechte. Diese lagen bei United Artists (das damals zum Verkauf stand) und alle Versuche, sie zu bekommen, schlugen fehl. Deshalb bat der Produzent Harvey Weinstein Peter, den *Hobbit* erst einmal zu vergessen und stattdessen an den Drehbüchern für *Der Herr der Ringe* zu arbeiten.

Die *Herr der Ringe*-Filme wurden von New Line Cinema produziert und kamen 2001, 2002 und 2003 in die Kinos. Damals lagen die Vertriebsrechte für *Der Hobbit* bei MGM und im September 2006 erklärte man, dass man den Film gern zusammen mit New Line Cinema und Peter Jackson machen wollte. Außerdem wollten sie einen zweiten Film produzieren, in dem gezeigt wird, was zwischen den Ereignissen von *Der Hobbit* und *Der Herr der Ringe* passiert.

Im Dezember 2002 wurde Peter Jackson in einem Interview mit *IGN* gefragt, ob New Line ihn gebeten hat, *Der Hobbit* zu machen. Er sagte: »Na ja, ich kann Ihnen eines sagen: Ich habe mit New Line nie ein Gespräch über den *Hobbit* geführt. Das Wort ›Hobbit‹ wurde nie erwähnt, aber ich weiß, dass sie die Rechte am *Hobbit* haben. Das Problem ist, soweit ich es verstanden habe, dass die Vertriebsrechte United Artists gehören. Und New Line hat aufgrund von *Der Herr der Ringe* irgendwelche Produktionsrechte, aber sie könnten den Film nicht vertreiben. New Line kann den Film zwar machen, ihn aber nicht vertreiben. Es ist irgendwie seltsam. Ich schätze, es wird wohl irgendeine Produktion von *Der Hobbit*, geben, aber mit mir haben sie nie darüber gesprochen.«

Auf die Frage, ob er bei dem Film gern Regie führen würde, gab Jackson zu: »Es gibt andere Filme, die ich machen möchte, aber ich würde mich schon seltsam fühlen, wenn man beschließen würde, den Film ohne mich zu machen. Andererseits würde ich auch gern einfach zwölf Mäuse ausgeben und schauen, was jemand anderes daraus gemacht hat. Das wäre irgendwie verrückt, würde mich aber schonen. Ich weiß es nicht. Keine Ahnung. Wenn sie mich je fragen sollten, weiß ich nicht, was ich tun würde – ich müsste mir dann erst darüber klar werden.«

Im März 2005 verklagte Jackson New Line, weil man ihm Einnahmen aus Fanartikeln und Computerspielen von *Der Herr der Ringe – Die Gefährten* vorenthalten hatte. Die New-Line-Bosse waren darüber so verärgert, dass Peter im November 2006 einen Anruf erhielt, in dem ihm mitgeteilt wurde, dass man seine Dienste bei *Der Hobbit* und dem *Herr der Ringe*-Prequel nicht mehr benötige. Jackson teilte das in einer E-Mail an TheOneRing.net mit: »Es gab einen Höflichkeitsanruf, in dem uns mitgeteilt wurde, dass das Studio nun aktiv nach einem anderen Filmemacher für beide Projekte sucht. Wir hatten immer angenommen, dass man uns bitten würde, *Der Hobbit* und vielleicht auch diesen zweiten Film zu machen, da wir ja auch die anderen Filme gemacht hatten. Wir sind davon ausgegangen, dass unser Gerichtsverfahren mit dem Studio zu einer gütlichen Einigung führen würde und wir danach unsere Ideen gemeinsam diskutieren, uns freuen und anfangen könnten. Diesen Ausgang haben wir nicht erwartet oder gewollt, aber wir sehen auch keinen Sinn darin, nun verbittert zu sein oder einen Groll zu hegen. Wir haben jetzt keine andere Wahl, als die Idee von einem *Hobbit*-Film fallen zu lassen und uns anderen Projekten zuzuwenden. Wir wünschen denen, die jetzt den *Hobbit* machen werden, alles Gute und freuen uns darauf, den Film im Kino zu sehen.«

Die Fans waren am Boden zerstört und Xoanon schrieb auf *TheOneRing*: »Das ist ein schwerer Schlag für die *Herr der Ringe*-Community. Ich fühle mich, als hätte es einen Todesfall in meiner Familie gegeben. Es gibt eine Menge Fragen, die bis auf Weiteres unbeantwortet bleiben. Warum konnte sich New Line nicht mit PJ einigen? Laufen die Rechte für New Line wirklich ab? Wen werden sie als Regisseur engagieren? Das wird keine leichte Aufgabe werden, wenn ihr mich fragt. Ich hoffe, dass derjenige, den sie als Regisseur verpflichten werden, nichts ›Neues‹ probieren wird, was das Aussehen und die Atmosphäre von PJs Mittelerde angeht.

Und was hat es mit diesem *Herr der Ringe*-›Prequel‹-Projekt auf sich?«

Im Januar 2007 erklärte Robert Shaye, Mitbegründer von New Line, dass Peter Jackson nie wieder einen Film für das Unternehmen machen wird. Bei MGM war man enttäuscht, denn die Filmproduktionsgesellschaft, die das Projekt zusammen mit New Line auf die Beine stellen wollte, hatte seine Beteiligung an dem Projekt gewünscht. Aber zum Glück machte Shaye im August eine dramatische Kehrtwende. Auf die Frage, ob es Gespräche mit Peter gäbe, sagte er der *Los Angeles Times*: »Ja, das kann man so sagen. Ungeachtet unserer persönlichen Differenzen respektiere und bewundere ich Peter und ich würde es sehr gern sehen, wenn er in irgendeiner Weise kreativ an *Der Hobbit* beteiligt wäre.«

Im Dezember war wieder alles im Lot und Jackson sollte bei den beiden *Hobbit*-Filmen als Ausführender Produzent fungieren. Die Regie sollte Guillermo del Toro übernehmen, der im April 2008 seinen Vertrag unterschrieb. Die Dreharbeiten sollten eigentlich 2009 beginnen und die Filme im Dezember 2010 und 2011 ins Kino kommen. Aber daraus wurde nichts, denn es gab weitere Verzögerungen.

Im Februar 2008 reichte der Tolkien Estate Klage gegen New Line ein und forderte 150 Millionen Dollar Entschädigung, da man das Gefühl hatte, nicht die vereinbarten 7,5 Prozent der Einnahmen aus den Tolkien-Filmen erhalten zu haben. Außerdem wollte man, dass die Arbeiten an *Der Hobbit* gestoppt wurden. Letzten Endes einigte man sich aber außergerichtlich.

MGM beschloss, nach privaten Investoren zu suchen, um die Filme zu finanzieren. In einer Pressekonferenz zu seinem Film *Splice – Das Genexperiment* (2009) gab Guillermo del Toro bekannt: »Es kann keine Starttermine geben, bis die MGM-Sache geklärt ist. Wir haben alle Kreaturen entworfen. Wir haben die Sets und die Kostüme designt. Wir haben die Computeranimationen erstellt und sehr lange Actionszenen geplant. Es gibt gruslige Szenen und witzige Szenen und wir sind sehr gut darauf vorbereitet, endlich loszulegen. Aber wir wissen nichts, bis die Sache mit MGM geklärt ist.«

Irgendwann konnte Del Toro nicht mehr länger auf den Beginn der Dreharbeiten warten und verabschiedete sich zwei Tage nach der Pressekonferenz. Tolkien-Fans waren wegen der Verzögerungen frustriert, was Guillermo dazu veranlasste, ihnen die Gründe in einem Interview mit *24 Frames* bei der ComicCon zu erklären. Er sagte: »Die Leute denken fälschlicherweise, dass MGM schuld ist. Aber es gibt viele Gründe, es liegt nicht nur an MGM. Das sind sehr komplizierte Filme, ökonomisch und politisch. Man muss den Segen von drei Studios bekommen.«

Die Fans waren hocherfreut, als Peter im Juni 2010 als neuer Regisseur benannt wurde, denn sie hatten das Gefühl, dass die Dreharbeiten nun endlich losgehen konnten. Aber es kam dennoch zu weiteren Aufschüben. Die International Federation of Actors veröffentlichte am 24. September 2010 einen Aufruf zum Boykott. Auf der Seite der Screen Actors Guild war zu lesen: »Den Mitgliedern der Canadian Actors' Equity, US Actors' Equity, Screen Actors Guild, UK Actors' Equity, American Federation of Television and Radio Artists; Media, Entertainment & Arts Alliance (Australien) und der Alliance of Canadian Cinema, Television and Radio Artists wird geraten, keine Arbeit bei dieser nicht gewerkschaftlichen Produktion anzunehmen. Wenn Sie wegen eines Jobs bei *Der Hobbit* kontaktiert werden, informieren Sie bitte Ihre Gewerkschaft.«

Wenn Schauspieler die Aufforderung zum Boykott ignorierten, riskierten sie, von ihrer Gewerkschaft ausgeschlossen zu werden. Das führte zu allerlei Problemen und eine Weile sah es so aus, als würden die Filme in Osteuropa und nicht in Neuseeland gedreht werden. Um das zu verhindern, demonstrierten Tausende Neu-

XBOX 360

Peter Jackson ist dank seines Sohnes Billy großer Fan von Videospielen. Sie spielen beide mit der Xbox 360, wann immer sie Zeit haben. 2006 gründete Jackson sein eigenes Studio zur Entwicklung von Videospielen und nannte seine Firma Wingnut Interactive.

Der Journalist Kevin Kelly meinte, dass *District 9* ein gutes Spiel abgeben würde. Peter antwortete: »Wir waren auf jeden Fall der Meinung, dass *District 9* guten Stoff für ein Videospiel bot. Neill [Blomkamp, der Regisseur] und ich lieben Spiele, aber wir schafften es einfach nicht, die Köpfe zusammenzustecken. Ich arbeitete damals an *In meinem Himmel* und er war damit beschäftigt, *District 9* zu drehen. Wir haben es einfach nicht geschafft, uns rechtzeitig zusammenzusetzen.«

Bei Wingnut Interactive arbeitet man gerade an der Entwicklung von originären Spielen, die nicht auf einem Film basieren. Peter verriet in einem Interview mit AintItCool.com: »Ich habe Ideen, aus denen man einen Film oder ein Spiel machen könnte. Ich denke, es sollte eher ein Spiel daraus werden und kein Film und ein Spin-off-Spiel. Aus einigen Ideen, die ich habe, würde ich lieber ein eigenständiges Spiel machen, weil diese Welt immer interessanter wird.«

Außerdem gab er zu: »Momentan bin ich mit einem *Tim und Struppi*-Spiel beschäftigt und natürlich mit dem Anfang des *Hobbit*-Spiels.«

Warner Brothers verkündete im Oktober 2011, dass es ein Videospiel zum *Hobbit* geben würde, und zwar noch vor Veröffentlichung des ersten Films.

YAZNEG

Name: Yazneg
Gespielt von: John Rawls
Beschreibung: Yazneg ist ein von Peter Jackson erschaffener Bösewicht, der im Buch nicht vorkommt. Die Fans spekulierten vor Veröffentlichung der Filme darüber, ob es sich um einen Ork oder eine Kreatur des Nekromanten handeln würde.

John Rawls, der an der EADA Academy of Dramatic Art in London und Neuseeland ausgebildet wurde, bekam die Rolle des Yazneg. Früheren Berichten zufolge sollte er Azog spielen. Diese Rolle ging aber letzten Endes an Manu Bennett.

John ist schon in Filmen, Theaterstücken, Serien, Musikvideos und Werbeclips in Neuseeland und Großbritannien aufgetreten. Er ist erfahren im Bühnenkampf, was ihm bei den Dreharbeiten zu *Der Hobbit* von großem Nutzen war. Außerdem macht er gern Musik, er spielt Gitarre und Posaune. In seiner Freizeit fährt er gern Rollerblades und schreibt Drehbücher.

Am bekanntesten ist John wohl für seine Darstellung von Zurial in *30 Days of Night* (2007) und von Hell Rider in *The Warrior's Way* (2010).

YOUTUBE

Wer sich die Produktionsvideos, die Peter während der Dreharbeiten erstellt hat, noch nicht angesehen hat, sollte schleunigst auf YouTube gehen. Hier ist der Link zum offiziellen Kanal: www.youtube.com/officialthehobbit. Auch die Trailer, Videos der Pressekonferenzen und Interviews mit den Schauspielern kann man auf YouTube finden. Man kann sich die Videos auch auf der offiziellen Webseite der Filme ansehen: www.thehobbit.com. Dort gibt es außerdem Hintergrundbilder und Icons zum kostenlosen Herunterladen. Neuigkeiten von hinter den Kulissen erhält man im offiziellen Blog www.thehobbitblog.com.

Die größte und beste *Hobbit*-Fanseite ist TheOneRing.net. Dort gibt es immer die neusten Nachrichten zu den Filmen und man kann sich mit anderen Fans austauschen.

ZANE WEINER

Zane Weiner ist einer der Produktionsleiter der *Hobbit*-Filme. Er war bereits bei den *Herr der Ringe*-Filmen, dem Eminem-Film *8 Mile*, dem Curtis-Hanson-Film *Die Wonder Boys* und dem Disneyfilm *Mein großer Freund Joe* in der Produktionsleitung tätig. Peter lernte er im November 1999 kennen, als er nach Neuseeland zog, um an der *Herr der Ringe*-Trilogie mitzuarbeiten.

Zane arbeitet hart, an Drehtagen bis zu 18 Stunden. In der *Los Angeles Times* fasste er zusammen, was er bei seinem Job tat: »Ich sollte beim ersten Stab bleiben – bei Peters Stab. Mein Job war es, dafür zu sorgen, dass das, was Peter brauchte, da war, wenn er es benötigte.« Weiners Tag begann jeden Tag um halb vier Uhr morgens. Er kam vor der Crew am Set an, damit er die Dinge tun konnte, die vor Beginn der Dreharbeiten getan werden mussten. An einem durchschnittlichen Tag führte er ungefähr zweihundert Telefonate mit verschiedenen Leuten, damit alles glattging. Außerdem machte er viele Toasts für die Crew.

Hugh Hart von der *Los Angeles Times* gegenüber gab er zu: »Ich habe die verschiedenen Abteilungsleiter jeden Tag gefragt, ob alles in Ordnung ist. Man bleibt eigentlich den ganzen Tag beim Regisseur und kümmert sich um die Schauspieler und die Crew und bereitet den nächsten Drehtag vor. Man spricht mit dem Art Department, achtet darauf, dass die Sets fertig sind. Man kümmert sich um die circa 45 Leute, die die Kostüme bereithalten, man spricht mit dem Art Department, das über 350 Sets gebaut hat, verständigt sich mit allen Abteilungen, um sicherzugehen, dass ihr Equipment nicht Wind und Matsch ausgesetzt ist.«

Wenn er nicht in Neuseeland arbeitet, lebt Zane mit seiner Frau Niki Harris, einer Ärztin und Choreografin, in Pennsylvania.

Schon gewusst?
Zane Weiner arbeitete früher als Inspizient am Broadway.

SCHWARZKOPF & SCHWARZKOPF

HOW I MET YOUR MOTHER

DAS GROSSE FANBUCH ZUR ERFOLGREICHEN COMEDYSERIE
RUND UM FÜNF FREUNDE IN NEW YORK

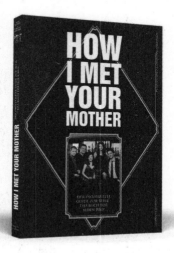

HOW I MET YOUR MOTHER
DER INOFFIZIELLE GUIDE ZUR SERIE –
DAS BUCH FÜR JEDEN BRO!
Von Peter Osteried & Christian Langhagen
192 Seiten, farbige Broschur
ISBN 978-3-86265-173-3 | Preis 14,95 €

Nach ihrem Start im Jahr 2005 ist die amerikanische Sitcom »How I Met Your Mother« schnell Kult geworden: von Kritikern hochgelobt, von Fans geliebt und mehrfach mit dem Emmy und einem People's Choice Award ausgezeichnet. Ted, Barney, Lily, Marshall und Robin gehen nun schon seit sieben Staffeln der Frage nach, wie Ted eigentlich seine große Liebe gefunden hat. Im Herbst 2012 werden die neuen Folgen auf ProSieben ausgestrahlt. In diesem umfangreichen Serien- und Episodenguide mit zahlreichen Fotos erfährt der Leser alles, was es über »HIMYM« zu wissen gibt. Christian Langhagen, Synchronübersetzer der Serie, und Peter Osteried, Filmjournalist und selbst begeisterter Fan, geben viele Hintergrundinfos und ihr Insiderwissen preis. Ein Muss für alle Freunde der Serie und alle Verfechter von Barney Stinsons »Bro Code«.

WWW.SCHWARZKOPF-SCHWARZKOPF.DE

SCHWARZKOPF & SCHWARZKOPF

THE BIG BANG THEORY VON A BIS Z

ALLES VON A BIS Z ÜBER DIE ERFOLGREICHE COMEDYSERIE IN EINEM REICH ILLUSTRIERTEN NACHSCHLAGEWERK

THE BIG BANG THEORY VON A BIS Z
DER INOFFIZIELLE GUIDE ZUR SERIE
Von Amy Rickman
120 Seiten, ca. 75 Abbildungen, Fadengeheftete Broschur
Durchgehend farbig gedruckt
ISBN 978-3-86265-133-7 | Preis 14,95 €

Als »The Big Bang Theory« 2009 zum ersten Mal in Deutschland ausgestrahlt wurde, bildete sich schnell eine große Fangemeinde.

In der Comedyserie freunden sich vier nerdige Wissenschaftler, die zwar verstehen, wie die Welt funktioniert, nicht aber wie man zwischenmenschliche Beziehungen pflegt, mit einer kellnernden Blondine mit Schauspielambitionen an. Von Penny lernen Leonard, Sheldon, Howard und Raj, wie man sich im Umgang mit Menschen verhält. Die neusten Folgen von »The Big Bang Theory« wurden im Frühjahr 2012 auf ProSieben ausgestrahlt.

Zu diesem Serienguide mit seinen zahlreichen Fotos und vielen Insiderinformationen erfährt der Leser alles Wissenswerte über das »TBBT«-Universum. Alphabetisch geordnet werden alle Aspekte der witzigen Sitcom detailliert unter die Lupe genommen.

WWW.SCHWARZKOPF-SCHWARZKOPF.DE

SCHWARZKOPF & SCHWARZKOPF

111 GRÜNDE, DAS KINO ZU LIEBEN

EINE LIEBESERKLÄRUNG AN DAS FASZINIERENDE MEDIUM KINO, SEINE UNSTERBLICHEN LEGENDEN UND DIE GROSSARTIGSTEN FILME

111 GRÜNDE, DAS KINO ZU LIEBEN
ÜBER KLASSIKER, KULTFILME UND KURIOSITÄTEN
Von Jo Müller
Mit Illustrationen von Jana Moskito
368 Seiten, Taschenbuch
ISBN 978-3-86265-171-9 | Preis 9,95 €

Jo Müller, leidenschaftlicher Cineast mit jahrelanger Berufserfahrung als Filmjournalist, ist dem Faszinosum Kino auf den Grund gegangen. Sein Buch »111 Gründe, das Kino zu lieben« ist ein eindrücklicher Streifzug durch die Filmgeschichte. Beispielsweise offenbart der Autor, was Alfred Hitchcocks Thriller zu Meisterwerken macht, erzählt, weshalb es hinter den Kulissen des Klassikers »Casablanca« gewaltig gekracht hat, und gibt originelle Tipps für einen romantischen Abend vor der Leinwand. Mit seiner Begeisterung inspiriert Jo Müller den Leser dazu, unbekannte Streifen kennenzulernen und bekannte neu für sich zu entdecken. Diese Lektüre ist der ideale Wegweiser durch die abenteuerliche Filmlandschaft!

Mit vielen witzigen Illustrationen von Jana Moskito.

WWW.SCHWARZKOPF-SCHWARZKOPF.DE

SCHWARZKOPF & SCHWARZKOPF

111 GRÜNDE, »TATORT« ZU LIEBEN

EINE LIEBESERKLÄRUNG AN EINE GANZ BESONDERE KRIMIREIHE
DIE LANGLEBIGSTE UND ERFOLGREICHSTE KRIMISERIE IM DEUTSCHEN TV

111 GRÜNDE, »TATORT« ZU LIEBEN
EINE LIEBESERKLÄRUNG AN EINE GANZ
BESONDERE KRIMIREIHE
Von Kurt-J. Heering & Silke Porath
352 Seiten, Taschenbuch
ISBN 978-3-86265-172-6 | Preis 9,95 €

Sonntagabend, 20.15 Uhr: Die Mailbox wird eingeschaltet, die Tür verriegelt, das Licht gedimmt; ein Flackern geht durch die Wohnzimmer. Seit über 40 Jahren sorgt eine TV-Reihe für solche Ausnahmezustände – der »Tatort«. Deutschlands langlebigste und erfolgreichste Krimireihe ist längst Kult.

Silke Porath und Kurt-J. Heering sind mit dem »Tatort« groß geworden. Aus unterschiedlichen Perspektiven blicken sie in ihrem Buch auf über vier Jahrzehnte »Tatort«-Geschichte zurück.

In 111 unterhaltsamen und persönlichen Geschichten bündeln sie Wissenswertes über die Reihe, lassen die besten Folgen Revue passieren, widmen sich ausführlich den Ermittlern, verraten, warum selbst Roger Moore den »Tatort« beehrte, und offenbaren manch anderes überraschende, aber auch pikante Detail aus den Filmen.

WWW.SCHWARZKOPF-SCHWARZKOPF.DE

SCHWARZKOPF & SCHWARZKOPF

»TWO AND A HALF MEN«

EIN UMTRIEBIGER FRAUENHELD LEBT NICHT GANZ FREIWILLIG MIT SEINEM BRUDER UND DESSEN SOHN ZUSAMMEN

111 GRÜNDE, »TWO AND A HALF MEN« ZU LIEBEN
EINE LIEBESERKLÄRUNG AN DIE WOHL
GROSSARTIGSTE SITCOM ALLER ZEITEN
Von Thorsten Wortmann
304 Seiten, Taschenbuch
ISBN 978-3-86265-151-1 | Preis 9,95 €

Endlich gibt es wieder einen Grund, abends vor dem Fernseher zu hocken: Das abenteuerliche Leben und die genialen Sprüche der Helden der Kultserie »Two and a Half Men« bringen wöchentlich Millionen von Zuschauern zum Lachen.

In diesem Buch präsentiert Thorsten Wortmann 111 überzeugende Gründe, diese schräge Sitcom einzuschalten, zu lieben und selbst nach dem bedauerlichen Abschied von Hauptfigur Charlie Harper neugierig weiterzuverfolgen. Der Autor nimmt den Leser mit auf einen Streifzug durch die verrückte Welt der zweieinhalb Männer, die sich vor allem um Frauen, Sex und Alkohol dreht, und führt mit Humor, Durchblick und vielen Zitaten durch die bisherigen neun Staffeln.

Ein Muss für alle Fans von Frauenheld Charlie, Loser Alan, Jake und Walden sowie ein erstklassiger Guide für Neueinsteiger!

WWW.SCHWARZKOPF-SCHWARZKOPF.DE

SCHWARZKOPF & SCHWARZKOPF

HUGH LAURIE

DIE INOFFIZIELLE BIOGRAFIE DES »DR. HOUSE«
DAS ERSTE DEUTSCHSPRACHIGE BUCH ÜBER DEN CHARISMATISCHEN STAR

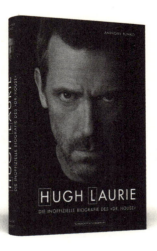

HUGH LAURIE
DIE INOFFIZIELLE BIOGRAFIE
DES »DR. HOUSE«
Von Anthony Bunko
264 Seiten, Bildteil, Hardcover mit Schutzumschlag
ISBN 978-3-86265-132-0 | Preis 19,90 €)

»Der Autor erteilt eine umfangreiche Lektion in englischer TV-Geschichte.«
Basler Zeitung

»Seit 2004 begeistert ›Dr. House‹ nun die Fernsehzuschauer als ebenso zynischer wie genialer Mediziner. Die Karriere des vielseitigen britischen Schauspielers zeichnet diese erste deutschsprachige Biografie nach.«
FFdabei

»Es ist das Buch eines ›House‹-Fans, keine Frage. Lesenswert allemal.« Multimania

»Ich habe mich beim Lesen des Buches königlich amüsiert. Es ist eine Qualität des Autors, Anthony Bunko, dass er nicht so tut, als würde er Hugh Laurie wirklich kennen. Aber er hat als Journalist gut recherchiert und alles zusammengetragen. Er erzählt wunderbare Anekdoten!« Peter Hetzel / Sat.1

WWW.SCHWARZKOPF-SCHWARZKOPF.DE

SCHWARZKOPF & SCHWARZKOPF

BUD SPENCER

MEIN LEBEN, MEINE FILME – DIE AUTOBIOGRAFIE
DES WELTBERÜHMTEN KULTSCHAUSPIELERS

BUD SPENCER
MEIN LEBEN, MEINE FILME – DIE AUTOBIOGRAFIE
Mit Lorenzo De Luca und David De Filippi
Aus dem Italienischen übersetzt von Leo Schmidt
240 Seiten, Hardcover mit Schutzumschlag, Bildteil
ISBN 978-3-86265-041-5 | Preis 19,95 €

»Als schwergewichtiger Haudrauf wurde Bud Spencer zusammen mit seinem Partner Terence Hill weltberühmt. Doch der Mann hinter der Filmfigur war viel mehr: Olympionike, Erfinder, Abenteurer. In seiner Autobiografie blickt er auf sein Leben zurück.« SPIEGEL online

»In seinem früheren Leben war Bud Spencer alias Carlo Pedersoli der erste Italiener, der die 100 Meter Freistil unter einer Minute schwamm. Bekannt wurde das 1929 in Neapel geborene Multitalent in Spaghetti-Western und Prügelkomödien. Seine Weltkarriere schildert er ausführlich in seiner Autobiografie.« Welt am Sonntag

»Hier spricht einer, der mit wenig Ehrgeiz und ohne Pläne durchs Leben ging und dem dennoch alles zugefallen ist.« Die Zeit

WWW.SCHWARZKOPF-SCHWARZKOPF.DE

SCHWARZKOPF & SCHWARZKOPF

BUD SPENCER

IN ACHTZIG JAHREN UM DIE WELT –
DER ZWEITE TEIL SEINER AUTOBIOGRAFIE

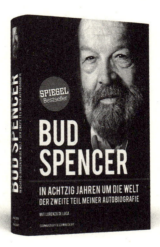

BUD SPENCER
IN ACHTZIG JAHREN UM DIE WELT
DER ZWEITE TEIL MEINER AUTOBIOGRAFIE
Mit Lorenzo de Luca. Aus dem Italienischen übersetzt von Marion Oechsler
328 Seiten, Hardcover mit Schutzumschlag, zwei Bildteile
ISBN 978-3-86265-107-8 | Preis 19,95 €

»Bud Spencer, der eigentlich Carlo Pedersoli heißt, präsentiert sich als interessierter, zugewandter, manchmal auch charmanter 82-Jähriger.« Berliner Zeitung

»Bud Spencers Sätze klingen so, wie ein Botticelli-Gemälde aussieht: Ein bisschen träge, sehr blumig, sehr füllig und man kann nicht anders, als sie andächtig anzustarren.« sueddeutsche.de

»Aus den Anekdoten spricht immer die Selbstironie, und das macht Bud Spencer derart sympathisch.« Kurier

»Der Schauspieler erzählt humorvolle und teilweise sehr private Anekdoten aus seinem bewegten Leben.« Rheinische Post Online

»Selbstporträt eines Mannes, der sich nie unterkriegen ließ.« Nürnberger Nachrichten

WWW.SCHWARZKOPF-SCHWARZKOPF.DE

Sarah Oliver
DER INOFFIZIELLE GUIDE VON A BIS Z
ZU DEN »HOBBIT«-FILMEN VON PETER JACKSON
NACH J. R. R. TOLKIENS GROSSEM ROMAN

Genehmigte Lizenzausgabe
© der Übersetzung: Schwarzkopf & Schwarzkopf Verlag GmbH,
Berlin 2012 | ISBN 978-3-86265-202-0

Aus dem Englischen übersetzt von Madeleine Lampe | Lektorat: Sabine
Tuch | Erstmals veröffentlicht unter dem Titel »An A-Z of J.R.R. Tolkien's
›The Hobbit‹ – An unendorsed colourful and critical guide celebrating the
movies« in Großbritannien 2012 von John Blake Publishing Ltd, 3 Bramber
Court, 2 Bramber Road, London W14 9PB, England | Text Copyright
© Sarah Oliver | Coverfoto und Foto im Innenteil: © Rex Feature | Fotos
auf der Rückseite: © Getty Images

Dieses Werk ist urheberrechtlich geschützt. Jede Verwendung, die über
den Rahmen des Zitatrechts bei vollständiger Quellenangabe hinaus-
geht, ist honorarpflichtig und bedarf der schriftlichen Genehmigung des
Verlages. Die Aufnahme in Datenbanken sowie jegliche elektronische
oder mechanische Verwertung ist untersagt.

KATALOG
Wir senden Ihnen gern kostenlos unseren Katalog.
Schwarzkopf & Schwarzkopf Verlag GmbH
Kastanienallee 32, 10435 Berlin
Telefon: 030 – 44 33 63 00 | Fax: 030 – 44 33 63 044

INTERNET & E-MAIL
www.schwarzkopf-schwarzkopf.de
info@schwarzkopf-schwarzkopf.de